아무튼, 레코드

아무튼, 레코드

성진환

유고

차례

이 음악은 당신의 것입니다 ___ 6

설레면 버리지 않는다 ___ 14

두 개의 톱니바퀴 ___ 22

Interlude 최근에 잘 산 카세트테이프 몇 개 ___ 32

지금 듣고 있는 음악을 눈으로 본다는 것 ___ 36

시디피 블루스 ___ 46

시디 시대는 다시 온다 ___ 56

Interlude 최근에 잘 산 시디 몇 장 ___ 68

반갑고 조심스러운 일 ___ 72

Interlude 매장에서 일하며 가장 많이 추천한 음반 ___ 82

그대들은 어떻게 살 것인가 ___ 86

음반을 주고받는다는 것 ___ 106

Interlude 최근에 한 음반 선물 ___ 114

한 사람을 위한 마스터링 ___ 118

Interlude 컴필레이션이라는 이름의 믹스테이프 ___ 130

내 인생의 음반 가게들 ___ 134

이 음악은 당신의 것입니다

음악을 만들고 발표하는 삶을 꽤 오랫동안 살았다. 새 음악을 발표한 후 감사하게도 방송이나 인터뷰를 통해 이야기를 나눌 기회가 생기면, 종종 이런 말을 했던 기억이 난다. 내가 만든 말은 아니기 때문에 당신도 어디선가 들어봤을지 모른다.

"이 음악은 이제 제 손을 떠났고, 들어주시는 모든 분들의 것입니다."

아마도 이 음악을 통해 전하고 싶은 무언가가 있는지, 혹은 사람들이 이 음악을 어떻게 들어주길 바라는지 질문을 받았을 것이다. '듣고 어떻게 느끼시든, 모든 감상이 정답입니다. 자신만의 느낌으로 들어주세요'라는 뜻의 대답이었고, 그것은 늘 진심이었다. 다른 음악인들도 그럴 거라 생각한다. 최대한 마음에 드는 상태로 완성해서 발표한 직후에는, 일단 들어주기만 한다면 내 의도는 충분히 전해질 거라는 은근한 자신감이 있다. 게다가 나도 몰랐던 이 노래의 잠재력을 듣는 사람들이 발견해주기를 기대하는 부푼 마음도 생긴다. 물론 '들어주세요' 쪽에 방점을 찍는 소심한 마음도 있다. 어떻게 느끼시든지 저는 다 괜찮으니까 일단 좀 들어주세요, 감사합니다… 라는 마음.

누군가가 만든 음악을 좋아하고 즐겨 듣는 삶을, 훨씬 더 오랫동안 살았다. 그건 쉬어본 일이 없다. 뮤지션의 입장으로 "이 음악은 당신의 것입니다"라는 문장을 말하고 나면, 나는 꼭 리스너의 입장이 되어 속으로 되물었다. 그래, 그 마음은 알겠는데… 그렇다고 '듣는 사람 모두의 것'이라고 할 수 있어? 스트리밍으로 딱 한 번 들었다면, 혹은 방송에서 우연히 듣고 아 좋다, 느꼈다면 이미 그 사람의 것이라고 할 수 있어? 그렇게 고생해서 만들었는데!?

내가 쪼잔한 뮤지션이어서가 아니고, 유난스러운 리스너여서 그렇다(고 믿고 싶다). 어렸을 때부터, 조금 더 시기를 특정하자면 아직 언어를 구사하지 못할 때부터 음반이라는 물건에 집착했다. 집에 있는 몇 개의 카세트테이프와 녹음기에 온 정신이 팔려 있던 아기 시절의 흥분을 지금도 기억한다. 소근육이 발달하고 그림을 그릴 수 있게 된 후에는, 카세트 레코더에 연결된 유선 헤드폰과 그걸 쓰고 있는 내 모습을 반복적으로 그렸다. 40년이 넘게 흐른 지금까지 그 느낌, 그 기억들이 남아 있는 이유는, 변한 적이 없기 때문이다. 음악의 아름다움을 알고 언어로 표현할 수 있게 된 이후의 내 삶은 볼 수 있고 만질 수 있는 음반이라는 물건을 통해, 누군가가 만든 멋진 음악을 조금이라도 더 내 것으로 만들려는 갈망의 시간이었다고 해도 과언이 아니다.

음반들이 벽면을 가득 채운 엘피 바에 가면 지금도 생각한다. 여기 사장님은 부자일까, 적어도 인생의 어느 시기에는 부자였을까 하고. 여기서 말한 부자란, 취미 생활에 돈을 쓰는 데 있어 금액의 한도가 없는 사람을 뜻한다. 나는 한 번도 그랬던 적은 없다. 여유가 있든 없든 예산을 정해두고 그 안에서 원하는 음반들을 저울질해야 했다. 지금도 갖고 싶은 음악이 생기면 그것을 바이닐, 시디, 카세트테이프 중 어떤 포맷으로, 언제 어디에서 어떻게 만든 버전으로 사서 들어야 만족감이 가장 클지 고민한다. 그렇게 구입한 음반들을 어떤 기기로 어떻게 들을지도 매번 고민하며 즐거워한다. 듣고 또 듣고, 긁히거나 늘어져서 잡음이 나는 구간이 생기고, 재킷은 더러워지고 구겨지고 찢기기도 한다. 우연히 어떤 음악이 들리면 집에 있는 그 음반의 상태와 디자인, 부클릿의 텍스트, 만질 때의 촉감과 냄새, 자주 꺼내 듣던 시기의 추억⋯ 이 모든 것이 함께 떠오르는 지경이 됐을 때, 나는 일면식도 없는 그 아티스트의 음악이 진짜로 나의 것이 되었다는 느낌을 받곤 한다.

뮤지션이 되는 상상은 어렸을 때부터 종종 했다. 부모님이 반대하실 걸 알기에 장래 희망이라고 당당히 밝히지는 못했다. 그리고 당당히 밝히지 못한 꿈이 하나 더 있었는데, 바로 음반 가게 점원이었다. 사장은 아니었다. 수많은 음반들을 뜯어서 듣고 싶지만 경영 리스크는 떠안기 싫었다(인생을 통틀어 대범함과는 거리가 있었음을 인정한다). 운이 좋게도 나는 이십대에 첫 번째 꿈을 이루었고, 두 번째 비밀스런 꿈은 사십대에 현실이 되었다.

많은 곳이 사라졌지만, 10년 넘게 내가 제일 좋아한 음반 가게는 다행히 건재하다. 그곳의 점원이 되어 일한 지 어느덧 2년이 넘었다. 오늘도 나는 수많은 나를 만나러 직장에 간다. 엄마 아빠를 따라와서 손도 잘 닿지 않는 진열대 사이를 서성이다 턴테이블 위 빙글빙글 돌아가는 음반에 시선을 빼앗기는 어린이. 딱 한 장만 사야 해서 몇 시간을 고민하고, 그럼에도 돈이 모자라 애가 타는 청소년. 희귀한 음반도 아닌데 눈에 보이는 곳에 놓여 있다는 것만으로 흥분하는 젊은이들. 조곤조곤 대화를 나누며 상대의 취향을 파악하고 은근슬쩍 자기 취향을 어필하는 연인들. 퇴근 후에 가끔 들러 천천히 여러 음반들을 꺼내 만져보고 그냥 조용히 돌아가는 직장인. 특정 스타일의 음반을 여러 장 추천받은 후 모두 달라고 호기롭게 말하는 외국인. 한 아티스트(아마도 오랜 시간 좋아했을)의 음반들을 전부 들고 와서 일시불로 사 가는 어르신. 우리는 분명 서로 다르지만, 나는 모든 손님들의 눈빛 속에서 나를 발견한다(마지막 두 경우는 상상 속의 대범한 나).

    음반을 만드는 사람, 사서 듣는 사람, 그리고 파는 사람. 나에게는 모두 현재 진행형이다. 제목에 쓴 저 문장의 의미를 유별나게 여기는 마음이 이제는 외롭지 않다. 이 책은 진짜로 지금도 장사가 되냐고 묻는 내 친구들에게 하는 대답이기도 하다. 너희들이 상상하는 것 이상으로 넓고 뜨겁게 퍼져 있는 그 마음의 정체가 무엇인지, 지극히 개인적인 내 이야기를 통해서 전해보려고 해. 어쩌면 너희도 한때는 잘 알던, 익숙한 마음일지도 몰라.

일러두기

이 책은 무형의 음악이 유형의 물건에 기록된, 모든 종류의 '피지컬(physical) 음반'에 대한 이야기를 담고 있습니다. 책의 제목에 적힌 '레코드(record)' 또한 같은 의미로 사용했습니다.

우리가 흔히 '엘피(LP)' 혹은 '엘피 판' 등으로 부르는 커다랗고 동그란 아날로그 매체는 '12인치 바이닐(vinyl) 레코드'라고 부를 수도 있습니다. '바이닐'은 매체의 재질을 의미하고, 크기에 따라 7인치, 10인치, 12인치 등의 규격이 존재합니다. 그중 12인치가 가장 나중에 개발되었습니다. 회전 속도를 33알피엠까지 줄이고 디스크의 크기를 키워 수록 가능 시간이 대폭 늘어나면서, 여러 곡이 담겨 있는 작품집이라는 뜻의 '앨범(album)', 'long play'의 약자인 엘피 등의 말이 생겨났습니다. 이 책에서는 편의상 짧고 익숙한 '바이닐', '엘피' 등의 단어를 문맥에 맞게 두루 사용하겠습니다.

소형 자기테이프 저장 매체 '카세트테이프(cassette tape)'는 종종 '카세트' 또는 '테이프' 등으로 줄여서 쓰겠습니다. 재생 기기 안의 '픽업(optical pickup)'이라는 부품이 레이저 광선을 사용해 데이터를 읽는 디지털 광학 매체 '컴팩트 디스크(compact disc)'는 줄임말인 '시디(CD)'로 주로 표기하겠습니다.

설레면 버리지 않는다

미니멀리스트를 존경한다. 텅 비어 있는 집에 꼭 필요한 물건들 몇 개만 제자리에 두는 삶. 모든 것을 완벽하게 컨트롤하는, 그 단순하고 가벼운 기분을 느끼며 살고 싶다. 물론 한 번도 그러지 못했고 내 삶은 자주 반대 방향으로 흘러갔다.

일본의 정리 전문가 곤도 마리에의 책과 방송이 한때 내 주변에서도 큰 화제였다. '설레지 않으면 버려라'라는 문장은 정말 대단했다. 물건들을 하나하나 꺼내 만져보고 더 이상 가슴이 설레지 않으면 버리라는 것이다. 나도 그 말을 떠올리며 여러 번 시도를 했다. 그런데 기본적으로 나는 잘 설렌다. 목이 많이 늘어난 티셔츠, 언젠가 먹다 남긴 냉동실 안의 만두, 옛날 규격의 충전 케이블 수십 개가 엉켜 있는 모습을 보면서도 설렌다. 어떻게 버리라는 거지. 더 큰 스트레스가 되기 전에 일단은 그냥 두자.

그래도 정리는 하고 살아야 한다. 얼마 전에는 정리 때문에 고민하다가 새로운 생각이 하나 떠올랐다. 내가 죽고 난 후를 상상해보자. 물건들은 어떻게 될까. 집 안을 둘러보는데 상상이 꼬리에 꼬리를 물고 이어졌다. 그 상상 속에서 여전히 설레는 물건의 종류는 딱 두 가지였다. 지금도 브라운관 TV에 연결되어 있는 옛날 게임기들과 게임팩들, 그리고 음반들. 나머지는 나와 함께 다 사라져도 좋겠다고 여겨졌다.

내가 일하는 매장은 기본적으로, 어느 시기의 음악이든 아티스트 본인 또는 권리를 가진 회사가 정식 루트로 발매한 새 음반들만 판매한다. 하지만 한쪽 구석에 가끔 특별히 큐레이팅하는 중고 음반 섹션이 있다. 어느 날 한 손님이 그곳에 진열된 엘피를 궁금해하길래 틀어놓고 같이 들었다. 흥겨운 리듬의 소울 음반이었고, 음악이 좋아서 같이 감탄했다. 재킷을 만져보던 손님이 말했다. 왜 커버에 낙서를 해두었을까요? 여기 글씨를 쓰는 걸 도저히 이해할 수가 없어요. 손님은 결국 그 음반을 사지 않고 돌아갔다.

그때는 '아 그러시군요 하하' 정도로 대답했지만, 사실 나는 낙서가 있는 음반을 아주 좋아한다. 읽을 수 있는 글씨라면 더 좋다. 구체적으로 상상할 수 있으니까. 'For Emily, April 1984'. 에밀리는 연인이었을까. 결혼한 사이였을까. 친구이거나 딸이었을지도 모르지. 대학 시절 S 형이 내게 무더기로 준 엘피들 중 하나에는 '멋진 동생 T가!'라고 크게 적혀 있다. 척 맨지오니(Chuck Mangione)의 음반*을 선배

---

*   «Feels So Good». 플루겔혼 연주자 척 맨지오니가

에게 선물한 멋진 동생 T 형, 지금은 다른 동생이 잘 듣고 있어요. 그냥 자기 이름이나 알 수 없는 기호를 남긴 것도 좋다. 아마도 이 음반이 소중했을 것이다. 적어도 손으로 그걸 쓰던 순간에는.

친구에게 음악을 추천하려면 카톡으로 링크를 보낸다. 조금 전에도 같이 점심을 먹고 헤어진 친구 지욱이가 오늘의 노동요라며 신나는 EDM 한 곡을 보내주었다. 이 간단한 것을 상상도 할 수 없던 시절에는 서로 음반을 빌려주는 수밖에 없었다. 고등학교 때는 시디와 테이프를 친구들과 정말 많이 돌려 들었다. 그러다 보면 가끔 내 것이 누구한테 가 있는지 알 수 없게 된다. 그렇게 사라진 음반들이 꽤 있다. 어쩌면 그것들이 흐르고 흘러 내가 모르는 누군가의 오디오 안에서 여전히 돌고 있을지 모른다. 나도 이름을 써두었더라면 어땠을까. 첫 소유자가 한국인이고 고3

1977년에 발표한 대표작. 한국인이 좋아하는 무슨무슨 앨범 리스트에서 보이곤 했다. 제목처럼 언제든 확실하게 기분 좋아지는 음악이기 때문에, 집집마다 한 장쩍 가지고 있을 만하다. 나도 그때 형한테 받은 것 말고도 원래 한 장이 더 있었다. 둘 다 국내 음반사에서 만들어 팔았던 한국 라이선스반이고 소리도 나쁘지 않다. 워낙 많이 팔려서 그런지 지금도 중고 가격이 싼 편이다.

때 엄청 많이 들었는데 옆 반의 어떤 애가 자꾸 빌려 가길래 자기 거라고 표시해놨다는 건 모르겠지만, 이걸 누가 언제 썼을까 한 번쯤은 궁금해하겠지. 그 순간 이 세상에 내가 있든 없든, 상상만으로 너무나 설렌다.

스무 살 여름, 입대를 앞두고 처음으로 혼자 유럽 배낭여행을 다녀왔다. 책에서 추천한 대로 정한 첫 도착지는 영국 런던이었다. 이틀째였나, 한낮에 큰 야외 시장을 구경하러 갔는데, 상인들 대부분이 백인이었고 식료품과 의류, 생필품들이 많았다. 그러다가 다른 가게들 사이에 조그맣게 끼여 있는 음반 매대를 발견했다. 마른 체구의 무표정한 흑인 사장님 앞에 낡은 턴테이블이 놓여 있었다. 조심스레 다가가 음반들을 구경하다가, 한참 보고 있던 스티비 원더(Stevie Wonder)의 《Songs In The Key Of Life》 엘피*를 틀어줄 수 있냐고 용기 내서 물었다. 어느

---

*   1976년 작. ⟨Isn't She Lovely⟩ 외에도 ⟨I Wish⟩, ⟨Sir Duke⟩를 비롯한 명곡들이 수두룩한 클래식 중의 클래식. 내가 산 건 오리지널 영국판이고, 지금도 리이슈 음반이 같은 형태의 패키지로 나온다. 두꺼운 180그램 디스크 두 장에 보너스 트랙 네 곡이 담긴 7인치 레코드까지. 그

곡? 나는 손가락으로 재킷 뒷면의 트랙리스트 중 하나를 가리켰다. 오 Isn't She Lovely? 굿. 그 순간의 모든 것들이 가끔 유난히 생생하게 꾸는 꿈처럼 떠오른다. 주인 아저씨와 내 얼굴에 흐르던 땀방울, 엘피를 꺼내 턴테이블에 올리던 긴 손가락, 빙글빙글 돌아가던 흐릿한 라벨, 아기 울음소리와 드럼 필인, 이미 신난 베이스, 곧 이어지는 스티비 원더의 건반과 보컬. 살짝 머리를 흔들며 리듬을 타다가 서로 눈이 마주치고 웃었다. 시장 안 빽빽한 사람들과 물건들 사이에서 말없이 그 노래를 듣던 몇 분 동안, 나는 낯선 유럽 대도시 한복판도, 벌써 그리운 내 고향 서울도 아닌, 어딘가 다른 곳에 가 있었다.

트렁크 없이 말 그대로 배낭여행이었기 때문에, 한달 내내 나는 그날 사장님이 담아준 엘피 봉투를 손에 들고 다녀야 했다. 무조건 싸게 먹고 자고 이동하면서 얼마나 불편했는지 모른다. 그래도 커다란 부적처럼 지니고 있었다. 야간 열차에서 쪽잠을 잘 때에

구성을 감안하면 가격도 괜찮다. 내 건 살 때부터 보너스 7인치가 빠져 있었는데, 얼마 전 디스콕스(Discogs) 사이트를 통해 영국 판매자에게 싸게 샀다(20여 년 만에 패키지 완성! 엄청 기뻤다). 이 사이트에 대해서는 나중에 또 이야기하겠다.

도 손에서 놓지 않았다. 지금도 가장 아끼는 엘피 한 장을 꼽으라면 나는 주저 없이 꺼낼 수 있다. 중고 시세가 몇백 만 원까지 치솟은 '보관 상태 극상'의 어떤 음반*이 아니라, 그렇게 나와 함께 생고생하며 유럽 주요 도시들을 빠르게 찍고 온 이 낡은 음반을 말이다. 12인치 바이닐 레코드, 즉 엘피를 좋아하는 수많은 이유 중 하나는, 슬리브가 커다란 종이로 되어 있다는 점이다. 금이 가거나 깨져버린 플라스틱 시디 케이스는 예쁘다고 느낀 적이 없는데, 낡고 해진 종이 슬리브는 아무리 더러워도 예쁘다. 그렇게 낡았다는 건 단지 오래되었다는 뜻이 아니라 오랜 시간 자주 꺼내 들었다는 뜻이다. 대략 스무 살쯤 되어 보였던 그 음반은 나와 함께 스무 살을 더 먹었고 그만큼 더 낡았다. 이전 소유자는 내가 이 음반을 이만큼이나 아낀다는 걸 전혀 모르겠지. 나도 그를 모른다. 하지만 이 음반 패키지에는 분명 지난 40년의 기억이 담겨 있다. 가끔 스트리밍으로 들으면 몹시 허전하다. 첫 트랙 ⟨Love's In Need Of Love Today⟩의 아카펠라 도입부 내내 '퍽' 하는 작은 잡음이 반복되어야 하는데….

* 안타깝게도 그런 음반 나는 없다….

오래된 음반들도 지난 달에 직원가로 산 음반도, 모두 나와 함께 시간을 쌓아가는 중이다. 역시 대범하지 못한 나는 아무래도 이름은 못 쓰겠지만, 음반들은 보호 비닐 없이* 신나게 낡아갈 것이다. 내가 죽으면 원하는 지인들에게 주든지 당근 무료나눔 하든지 염가에 일괄 판매하든지, 다 좋으니 그냥 버리지만 말아달라는 유언을 남길 것이다. 누군가와 나의 인생을 가득 담은, 빛바랜 게임기들과 게임팩들도 같이. 그 후의 이야기를 상상하면 집도 차도 안 설렌다. 그래도 인간이 음반과 게임만으로 살 수는 없으니까 일단 적당히 정리해보자.

---

*   보호 비닐을 씌워둔 엘피가 사실은 한 장 있다. 지브리 애니메이션 중 가장 좋아하는 〈마녀 배달부 키키〉의 이미지 앨범. 오리지널 사운드트랙과는 조금 다른 버전의 음악인데, 아트워크도 다르다. 미야자키 하야오의 손길이 그대로 느껴지는 컬러 원화가 커버에 담겨 있다. 게다가 지브리 엘피들은 전부 옛날 방식으로 튼튼하게 마감된 두꺼운 종이 슬리브('Tip-on Jacket'이라고 불린다)를 써서, 나에게 이건 고가의 아트 프린트 그 이상이다. 우리 매장에서는 새 음반 커버에 상처가 생기거나 모서리가 눌리면 약간의 할인을 한다. 낡고 해진 음반을 좋아하지만, 매번 충분히 공감하며 가격표를 새로 붙인다.

두 개의 톱니바퀴

내가 태어난 다음 날 아빠는 사우디에 갔다. 엄마 뱃속이 좋았는지 내가 나올 생각을 안 해서 여러 번 출국을 미루다가, 엄마는 결국 수술을 받았고 아빠는 나를 만난 다음 날에 바로 떠났다. 1년 동안 아빠가 편지 속 사진으로만 나를 보며 모래 먼지 속에서 고생한 덕에, 엄마가 신생아 육아와 시집살이를 동시에 버텨낸 덕에, 동생과 내가 방이 세 개 있는 집에 살며 유치원도 다닐 수 있었다는 것을 나중에 들었다.

그런 식으로 이해하고 감사하게 된 건 한참 후의 일이고, 어린 나에게 아빠의 사우디 시절은 그저 몇 개의 물건으로 존재했다. 아바(ABBA), 사이먼 앤 가펑클(Simon&Garfunkel), 보니 엠(Boney M.)의 히트곡 모음집, 그리고 레이 카니프(Ray Conniff), 제임스 라스트(James Last) 등의 음악가가 새롭게 편곡하고 연주한 팝 음악 모음집. 아마도 당시 사우디아라비아에서 라이선스 발매된 것으로 보이는 이 카세트테이프들은 지금도 내가 소중히 보관하고 있다. 끝없는 지평선 외에 아무런 풍경도 없던 1년간 이 음악들이 아빠에게 큰 위안이었다고 한다. 그 후 아주 긴 시간 아들의 최애 장난감이 될 줄은 꿈에도 몰랐겠지.

다른 장난감도 있었겠지만 이것들만큼 관심을 끌지는 못했다. 지금도 카세트테이프만 보면 반사적으로 동공이 커지고 침이 고인다. 언제 봐도 대단한 디자인이다. 손에 기분좋게 잡히는 절묘한 크기와 두께, 둥글게 마감된 네 모서리, 가운데 나 있는 작은 창문, 그 안에 커튼처럼 감겨 있는 반짝이는 흑갈색 테이프. 손가락 끝이 살짝 들어가는 두 개의 동그란 구멍 안쪽에는 앙증맞은 톱니가 여섯 개씩 달려 있다. 케이스를 열고 꺼내는 동안 안쪽의 부품들이 달그락 흔들릴 때, 플레이어에 부드럽게 미끄러져 들어갈 때, 찰칵 문을 닫을 때, 달칵 버튼을 눌러 재생하고 되감을 때… 모든 순간 모든 감각이 이 정도로 만족스럽게 설계된 물건이 또 있을까. 지금은 바이닐로 음악을 듣는 걸 제일 좋아하지만, 물건 자체로 제일 좋아하는 건 평생 카세트테이프일 것이다.

아빠에게는 크고 아름다운 소니 초기형 워크맨이 있었다. 그리고 우리 집 거실에는 카세트와 라디오만 되는 JVC 미니 오디오 세트가 놓여 있었다. 둘 다 은색이었고 옛날 자동차들처럼 멋지게 각이 져 있었으며, 투명한 문이 달려 있어 안쪽의 테이프가 훤히 보인다는 공통점이 있었다. 나는 톱니바퀴 두 개가 돌아가는 모습을 멍하니 보는 걸 좋아했다. 한쪽에 감겨 있던 테이프를 반대쪽에서 끌어당기는 동안,

중간의 트여 있는 부분을 지나가는 테이프가 기기의 헤드를 스치며 음악이 재생된다. 그 원리를 알게 된 건 한참 후이지만(자성 물질의 자화 현상… 같은 진정한 원리는 여전히 이해 불가이다), 톱니바퀴가 돌아가는 방식은 아이의 눈에도 잘 보였다. 둘은 항상 같은 방향으로 돌지만 돌아가는 속도는 서로 다르다. 테이프가 적게 감겨 있는 쪽은 빠르게, 많이 감겨 있는 쪽은 느리게 돈다.

처음에는 그냥 재미있었다. 가벼운 애는 빠르고 무거운 애는 느리네 하하. 그러다 조금 지나서는, 테이프가 적은 쪽이 힘을 내서 열심히 돌 때 많은 쪽은 일부러 속도를 늦춰주는, 그렇게 서로 배려하는 것처럼 보였다. 분명 모터는 한 개 들어 있을 텐데, 그런 식으로 테이프가 헤드를 지나는 순간의 속도(음악이 재생되는 속도)를 일정하게 유지하는 게 지금도 신기하다. 부품 하나하나의 원리를 파악할 엄두는 나지 않고, 돌아가는 톱니바퀴 둘을 보고 있으면 그저 마음이 따뜻해진다. 언제나 사이가 좋구나. 늘 같은 방향으로, 최선을 다해 보조를 맞추는구나.

아기답게 잔인했던 나는 그 사이좋은 테이프들을 매우 적극적으로 가지고 놀았다. 강제로 녹음 버튼을 눌러서 많은 부분 음악이 끊겨 있고, 내 옹알이도 몇 번 들린다. 전주와 후주를 제외하고 다 날려먹은 노래도 한 곡 있는데, 초등학생이 된 후 궁금해하자 아빠가 사이먼 앤 가펑클의 〈El Cóndor Pasa〉라고 알려주었다. 얼마 후 나는 아빠 손을 잡고 그 노래가 담긴 카세트테이프를 사러 갔다. 그게 어디였는지는 우리 둘 다 기억나지 않지만 어쨌든 내가 경험한 첫 음반 가게였다. 온몸이 긴장과 설렘으로 가득 차 있던 것, 그리고 아빠가 나한테 가수와 노래 제목을 직접 말하게 했던 것은 어렴풋이 기억난다. 사이먼 앤 가펑클의 엘 콘도르 파사 들어 있는 테이프 있나요? 그때 아빠는 지금 내 나이보다 젊었다. 알파벳도 잘 모르는 어린 아들이 음반 가게에서 또박또박 저 말을 할 때 어떤 기분이었을까. 그때를 떠올리면 나도 문득 아이를 갖고 싶어진다.

그렇게 완전한 내 소유의 첫 음반이 된, 지구레코드에서 라이선스 발매한 《Simon&Garfunkel's Greatest Hits》 테이프를 나는 듣고 듣고 또 들었다 (지금도 들으면서 이 글을 쓰고 있다). 이 앨범은 바이닐과 시디도 가지고 있지만 이 파란색 테이프로 들을 때가 기분이 제일 좋다.* 그것은 35년 전에도 지금도 같은 모양으로 돌아가는 톱니바퀴 때문이고, 나에게 가장 익숙한 소리 때문이기도 하다. 물론 시간이 지나며 상태가 변하긴 했다. 테이프는 얇고 가늘어서 내구성이 약하다. 보관 상태가 좋지 않으면 늘어지고 삭는다. 오래 듣다 보면 한 번씩 기기 안에서 엉켜서 (예전에는 씹힌다는 표현을 자주 썼다) 조심조심 다시 펴가며 복구해도 그 구간이 쭈글쭈글해지는 일이 생긴다. 그런데 그런 점도 마음에 든다. 테이프가 늘어지면 소리도 늘어지고, 쭈글쭈글해지면 소리도 쭈글거린다. 소리가 변했다면 오직 나로 인한 것, 나와 함

* 미국에서만 1,400만 장 이상이 팔린 유명한 앨범이다. 수록곡 전부가 주옥같은 명곡들이기도 하지만 전체적인 흐름도 아름답다. 몇몇 곡들은 폴 사이먼(Paul Simon)의 기타와 둘의 화음으로만 이루어진 라이브 버전이 수록되어 있는데, 그게 다 숨 막히게 좋다. 특히 <The 59th Street Bridge Song(Feelin' Groovy)>와 <Homeward Bound>의 라이브가 끝난 후 청중들의 박수 소리와 다음 곡들이 이어지도록 믹싱한 게 참으로 절묘해서 매번 탄식을 하게 된다. 세상에서 가장 완벽한 베스트 앨범이라고 나는 생각한다. 우리 매장에도 두 종류의 컬러 바이닐이 있다. 내 테이프와 엘피는 모두 예전에 나온 한국 라이선스반인데, 수입반과 달리 트랙리스트에도 없는 <A Most Peculiar Man>이 추가로 들어가 있다. 이유는 알 수 없다.

께 나이 들어가는 느낌이 좋다.

    단지 추억 때문만이 아니고, 늘어지고 흔들리는 소리 자체가 내 귀에는 그다지 거슬리지 않는다. 음악 재생 중 거슬리는 소리들은 따로 있다. 에어팟에 이상이 생겼을 때 들리는 지직거리는 노이즈, 정성을 다해 스팸 문자를 읽어주는 시리, 무선 헤드폰의 배터리가 부족할 때 연거푸 들리는 '리챠-지 헤드셋' 같은 것들. 가끔 블루투스나 인터넷 연결 문제로 음악이 뚝뚝 끊기기라도 하면 저절로 인상이 찌푸려진다. 그런 반면 카세트테이프는 꾸루루룩 하다가 씹혀도 그냥 웃음이 난다. 그렇다, 나는 카세트테이프가 들려주는 모든 소리의 질감을 좋아한다. 재생 버튼을 누르고 톱니바퀴가 돌고 갈색 테이프가 헤드를 스쳐 가기 시작하면 '스~' 하는 작은 소리가 들린다. 테이프 히스(tape hiss)라고 불리는 그것은, '자성 입자의 크기로 인해 아날로그 자기 테이프 녹음에 나타나는 고주파 노이즈'이다(위키피디아를 참고했다). 테이프 전체에 깔려 있어 노래 사이 조용한 구간에 더 잘 들리는 그 소리를 나는 참 좋아한다. 유튜브에서 찾을 수 있는 그 어떤 백색소음보다도 평화롭다. 더불어 노래 한 곡이 끝나도 끝나지 않았다는 느낌을 준다. 마치 라이브 공연 중 노래와 노래 사이 정적처럼.

뮤지션들은 여전히 무대 위에 있고 모든 음향의 전원도 켜져 있는 상태. 이 음악의 시간은 끝나지 않았고 아직 나는 아티스트와 이어져 있다.

    카세트테이프를 좋아하는 이유, 하나만 더 얘기하고 싶다. 옛날에는 모든 뮤지션들이 커다란 릴 테이프에 음악을 녹음했다는 것을 이제는 많은 사람들이 상식으로만 알고 있다. 나도 그렇다. 첫 앨범을 녹음했던 2005년부터 쭉 컴퓨터를 사용했고 아날로그 녹음 방식을 직접 경험하지는 못했다. 하지만 그렇게 녹음된 음악들을 들으며 자랐고 지금도 듣는다. 사이즈는 다르지만, 카세트테이프는 테이프다. 옛 뮤지션들이 음악을 녹음해둔 멀티 트랙 테이프, 엔지니어가 후반 작업을 마친 마스터 테이프와 기본적으로 같은 물성이라는 뜻이다. 내가 좋아하는 어떤 앨범이 처음으로 녹음되고 완성되었던 상태, 어떤 면에서는 그것에 가장 가까운 물건이라는 느낌을 나는 종종 카세트테이프로부터 받는다.

    요즘도 카세트테이프가 나온다. 우리 매장에서도 판다. 이미 수많은 세상 사람들이 테이프로 들었던 오래전 음반의 리이슈도 있지만, 지금 활동 중인 젊은 뮤지션들의 앨범이 더 많다. 색깔도 알록달록 예쁘고 다양하다. 예전과는 달리 대부분 이미 한 번 디지털 신호가 되었던 음악을 옮긴 것이지만, 아까도 말했듯 카세트테이프는 테이프다. 요즘 아티스트들이 굳이 카세트테이프를 발매하는 건, 전통적인 매체의 성질과 전통적인 녹음 방식의 기운을 자기 음악에 담고 싶어서라고 생각한다. 새로 나온 그 테이프들을 익숙한 내 기기로 들으며 나는 충분히 그 마음을 느낀다. 매장에 진열된 테이프들을 한참 구경하다가 사 가는 손님들의 주머니에 살짝 워크맨이 보일 때도 그런 마음이 전해지고 있다는 것을 느낀다.

　매장에서 일하기 시작하자마자 나는 이곳에 어울리는 중고 카세트 데크 매물을 검색하기 시작했다. 첫 번째 조건은 투명한 문이 달려 있을 것. 얼마 후 나는 예쁘고 소리도 좋은, 그리고 운명처럼 나와 나이가 같은 하얀 기기를 찾아냈다. 저렴한 가격에 구입했지만 수리비가 훨씬 더 들었다. 지금도 살짝 이상이 생겨서 한동안 못 틀고 있다. 참 귀찮은 일거리를 스스로 만들었지만, 손님들이 음악을 들으며 톱니바퀴를 물끄러미 바라보는 게 느껴질 때마다 몰래 희열을 느끼곤 했다. 입사 기념으로 기증할까 했는데 이미 내 의도를 파악한 사장님이 수리비까지 포함해서 급여에 얹어줬다. 부디 장기적으로 카세트테이프 매출에 긍정적인 영향이 있기를 바라며, 살짝 아픈 동갑내기 친구를 들쳐 메고 또 한 번 청계천에 갈 예정이다.

Interlude
최근에 잘 산 카세트테이프 몇 개

ABBA «Gold»

시디 시대였던 1992년, 한 장을 꽉 채우는 76분짜리 어마어마한 히트곡 퍼레이드로 발매된 후 지금까지 전 세계적으로 3천만 장이 넘게 팔렸다. 우리 매장에도 시디뿐 아니라 검은색, 금색, 멤버들 사진이 인쇄된 픽처디스크 등 다양한 버전의 바이닐이 있었는데, 30주년 기념 카세트테이프가 입고된 걸 보고 아빠의 사우디 시절 아바 테이프가 생각나서 못 참고 질렀다. 영국 생산이고, 소리가 유난히 깨끗하고 좋아서 깜짝 놀랐다.

Madvillain(MF Doom & Madlib) «Madvillainy», J Dilla «Donuts»

두 음반 다 2000년대 힙합 클래식이고, 'Stones Throw' 레이블에서 나왔으며, 샘플러 한 대와 턴테이블 등 최소한의 장비들만을 가지고 만들어낸 사운드라는 공통점이 있다(매들립은 호텔 방에서, 제이 딜라는 병실에서). 카세트 버전은 패키지 디자인도 비슷하다. 같은 공장에서 같은 사양으로 만든 것 같다. 둘 다 소리가 정말 좋고 재생 시의 모든 느낌이 음악과 기가 막히게 어울린다. 워크맨으로 특히 많이 듣는다. 엠에프 둠과 제이 딜라, 안타깝게 떠난 두 천재의 명복을 빌며 자주 길에서 머리를 흔든다.

Beach House 《Once Twice Melody》

미국의 드림 팝 듀오 비치 하우스의 음악은 유독 카세트테이프와 잘 어울리는 것 같다. 특유의 몽환적이고 로맨틱한 매력이 테이프의 질감을 만나 한결 짙어지는 느낌이다. 2022년에 나온 이 앨범은 두 개의 테이프로 이루어져 있다. 하나는 금색, 하나는 투명한 컬러이고 커버 디자인과 완벽하게 어우러진다. 테이프 버전이 이 앨범 디자인 콘셉트의 디폴트 같다고 느껴질 정도이다. 보석함처럼 예쁘고, 노래들은 보석처럼 황홀하다.

Slowdive 《Everything Is Alive》

매장에서는 1993년 작 《Souvlaki》가 여전히 가장 많이 팔리지만, 나는 2023년에 나온 이 앨범이 특히 좋다. '대표적인 슈게이징 록 밴드의 여전한 최근작'이라고만 말하기는 아쉽다. 슬픔을 나누며 함께 치유하는 기분이 드는 음악이라고 할까? 멤버들이 팬데믹 동안 가족을 잃고 힘든 시기를 보낸 후 다시 모여 만들었기 때문인지도 모른다. 이 음악을 투명한 카세트테이프로 듣는 시간이 나는 참 좋다. 소리도 굉장히 좋다.

Being Dead «EELS»

최근 가장 내 귀를 사로잡은 음반 중 하나. 미국 텍사스 오스틴 출신 밴드의 두 번째 정규 앨범인데, 단출한 악기 구성과 목소리만으로 큰 즐거움을 준다. 어떤 곡도 뻔하게 흘러가지 않는데 편안하게 웃으며 듣게 되고, 자꾸만 다시 듣고 싶어진다. 음악처럼 약간 기괴한 듯 예쁘고 유쾌한 아트워크도 커다란 바이닐보다 카세트테이프랑 더 잘 어울린다는 느낌을 받았다. 테이프에 꼬물꼬물 적힌 금색 글씨도 사랑스럽고 소리도 좋은, 나에게는 2024년의 테이프!

‹Guardians of Galaxy› 사운드트랙 테이프들

언제나 잘 팔리고, 그럴 만하다. 나도 '가디언즈 오브 갤럭시' 시리즈를 좋아해서 «Awesome Mix

Vol. 1», «Awesome Mix Vol. 2» 그리고 애니메이션 시리즈의 사운드트랙인 «Cosmic Mix Vol. 1»까지 세 개의 테이프를 샀다(세 번째 영화와 사운드트랙도 좋아하지만 그 작품 속에서는 카세트테이프가 등장하지 않기 때문에 사지 않았다). 영화를 본 사람은 대부분 공감하겠지만 모두 정말 훌륭한 선곡들이다. 마스터링도 훌륭하다. 모든 사운드트랙을 'Bernie Grundman Mastering' 소속의 한 엔지니어가 맡아서 했는데, 각기 다른 아티스트가 다른 시기에 발표한 곡들이 마치 원래 하나의 앨범 수록곡인 것처럼 자연스럽게 들린다. 시리즈의 세계관에 더 맞게 표현하자면, 누군가가 자기 집에 있는 하나의 카세트 데크로 하나의 공테이프에 녹음한 것처럼 들린다. 나는 늘 그렇게 상상하며 듣는다.

지금 듣고 있는 음악을 눈으로 본다는 것

어린 시절 우리 가족은 주말마다 할머니 댁에 가서 함께 식사를 했다. 아빠의 남동생이자 나의 삼촌은 그의 부모님, 나의 할머니 할아버지와 함께 살고 있었다. 삼촌 방에는 꽤 큰 오디오 세트가 있었고, 당시에는 모든 어른들이 그것을 '전축'이라고 불렀다(지금 찾아보니 '전기 축음기'라는 뜻이고, 일본에서 건너온 말 같다). 그 방에는 커다란 정사각형 그림들도 여러 개 있었는데, 제일 먼저 내 눈길을 끈 건 아수라 백작처럼 반으로 갈라진 길쭉한 얼굴 그림이었다. 한쪽은 노란색으로 웃고 있는 반면 한쪽은 파랗고 시무룩했다. 적혀 있는 글씨는 '웃기는 노래와 웃기지 않는 노래'. 나는 그 그림에 강한 끌림과 공포를 동시에 느꼈다.

심지어 그 그림 속에서는 정체불명의 시커먼 덩어리가 불쑥 튀어나왔다. 히이익. 삼촌은 그 물체를 잡을 때 손가락을 길게 늘여 검은 부분에 최대한 손을 대지 않으려고 했다. 역시 수상해. 삼촌이 그것을 전축 위에 조심스레 올려두고 버튼을 누르자, 부드럽게 돌아가기 시작했다. 곧이어 옆에 달려 있던 기다란 팔이 로봇처럼 움직여 그 위에 천천히 바늘을 올렸다. '지직' 하는 소리가 났다. 검은 동그라미가 반짝이며 돌아가는 모양, 일정한 속도, 바늘에 닿을 때 나는 작은 소리의 질감은 수상한 느낌과는 거리가 멀었다. 그래, 바로 지금 내가 우리 집 거실 턴테이블 위를 멍하니 바라보며 느끼는 이 감각과 정확하게 같았다. 우아하면서도 소박했고, 평화로웠다.

    그리고 곧 노래가 흘러나왔다. 울릉도 동남쪽 뱃길 따라 이백 리… 대한민국 사람은 대충이라도 아는 그 노래, 정광태의 〈독도는 우리 땅〉이었다. 특유의 단순하고 구성진 멜로디, 의미는 잘 몰라도 발음이 쫄깃한 단어들, 나는 곧바로 그 노래의 매력에 흠뻑 빠져들었다. 아직 한글이 서툴렀지만 5절까지 정확하게 외워서 칼 피치 칼 박자로 하루 종일 불렀고, 조부모님의 사랑과 부모님의 불안을 키웠다(부모님은 아들이 공무원이나 학자가 되기를 바라셨다). 어느 날 삼촌은 그 노래만 반복해서 녹음한 테이프를 건네주었다. 그걸 쭉 듣다 보면 중간에 한 번은 엄청 빠르게, 또 한 번은 엄청 느리게 재생되는가 하면, 속도와 음정이 계속 왔다갔다 하는 버전도 있었다. 삼촌이 가끔 턴테이블의 회전 속도를 바꿔가면서 녹음한 것이다. 그때는 '아니 제대로 듣고 싶은데 왜 이런 짓을…' 하고 생각했지만 지금 돌이켜보면 귀엽기만 하다. 당시 이십대 청년이었던 삼촌은 특유의 장난기를 그대로 간직한 채, 얼마 전 정년 퇴임하셨다.

턴테이블과 바이닐에 관련된 직접적인 경험은 그 후 10여 년간 끊겨 있었다. 아름답지만 직접 만질 엄두가 나지 않는, 어른의 영역에 존재하는 상태로 멈춘 것이다. 그래서 더 동경했다. 나 자신이 어른이 될 때까지 동경은 지속적으로 커졌다. 십대 시절, 평생의 우정도 있었고 잊지 못할 첫사랑도 있었지만 가장 열정적으로 순수하게 좋아한 건 역시 음악이었다. 무언가를 좋아하게 되면 점점 더 많은 것이 궁금해진다. 이를테면 내가 좋아하는 그 밴드는 어떻게 만나서 그런 음악을 하게 되었는지 그들의 인생이 속속들이 궁금해지고, 자신들이 어릴 적 영향을 받았다고 언급한 다른 음악들도 궁금해지는 것이다. 지미 헨드릭스(Jimi Hendrix), 레드 제플린(Led Zeppelin), 조니 미첼(Joni Mitchell)… 오래된 음악과 새로운 충격의 연속. 나는 그때 이미 전설이라 불리던 음반들을 큰 그림으로 방 안에 두는 상상을 했다. 그 음반들 시대의 방식으로 내 방에서 내 손으로 바늘을 올리는 상상을 했다. 하지만 20세기는 끝나가고 있었고, 엘피판의 시대는 조금 더 일찍 끝났다. 이제는 시디가 지구를 완전히 점령했다. 옛것에 대한 한 소년의 동경을 그저 동경으로만 간직하는 건 별로 어려운 일이 아니었다. 모두가 새천년을, 다가올 내일만을 기다리는 듯한 분위기 속에 소년도 그럭저럭 몸을 맡기고 휩쓸려 갈 수 있었다.

20세기의 마지막 해, 대한민국에 ADSL이라는 것이 등장했다. 바야흐로 초고속 인터넷 시대가 시작된 그해에 나는 대학생이 되었다. 아르바이트를 하고 처음으로 돈을 벌었다. 초기 인터넷 세상에는 다양한 게시판들이 들판의 야생화처럼 피어나는 중이었는데, 그중에는 가성비가 좋은 오디오 기기들에 대해 이야기 나누는 곳도 있었다. 나는 거기서 얻은 정보를 토대로 커다란 구닥다리 기기들을 하나씩 장만하기 시작했다. 인생 첫 하이파이 앰프 인켈 AX-7030에 이은 대망의 첫 턴테이블, 롯데 오디오. 지금도 모양은 기억이 나는데 인터넷에서 정보를 찾을 수가 없다(일제 파이오니아 구형 턴테이블의 부품을 들여와서 조립, 판매한 것으로 추정된다). 보급형이었지만 플라스틱이 아닌 돌 같은 재질에 무게추도 제대로 달린 수동 모델이었고, 소리도 나쁘지 않았다. 오랜 동경은 현실이 되었다. 바깥에서 엠피스리라는 괴물이 나타나 세상을 집어삼키기 시작한 그때, 나는 무겁고 낡은 물건들로 방 안을 채우며 새천년을 맞이한 것이다.

돌이켜보면 바이닐 레코드의 오랜 역사 속에서

가장 인기가 없던 시절에 입문한 셈이다. 지금은 몇만 원씩 하는 중고 가요 음반들을 그때는 몇백 원에 떨이로 사기도 했다. 국내 음반사에서 라이선스 발매했던 팝 음반들도 마찬가지였다. 아무도 찾지 않지만 그냥 버리기는 아까운, 한때 잘 팔려서 세상에 너무 많아져버린 커다랗고 귀찮은 물건들. 허연 먼지에 덮여 있던 그것들이 내 방 안에서 새까만 보석처럼 빛났다. 하여간 희한한 놈이라며 자리만 차지하던 엘피들을 몽땅 주는 선배들도 있었다. 풍요로웠다. 그리고 방 안에서 나는 항상 평화로웠다. 대학교 생활, 즉 어른의 삶은 이전과는 너무 달랐다. 어딜 가나 자극이 많았고, 주의가 산만한 나는 정신을 똑바로 차리기 힘들었다. 연애 동아리 술 공부 친구 술 연애 술 동아리 친구 아맞다공부… 숙취를 느끼며 이게 다 뭐지 생각하다 멍하니 턴테이블만 바라보는 아침이 늘어갔다.

커다란 그림, 모양에도 소리에도 쌓여가는 시간, 이미 잘 알고 기대했던 이런 특성들 외에도 엘피의 매력은 너무나 많았다. 그중에서도 여전히 매번 감탄하는 하나의 사실이 있다. 지금 듣고 있는 이 음악을, 내가 눈으로 보고 있다는 점. 모든 바이닐 레코드에는 음악이 동심원을 그리며 말 그대로 '새겨져' 있기 때문이다. 얼핏 보면 그냥 매끈한 원반이지만 조금 더 자세히 보면 엄청나게 많은 동그란 길이 보이고, 현미경으로 확대해 보면 그 모든 길은 구불구불한 골짜기로 되어 있다. 높고 낮고 크고 작은 음악 소리에 따라 골짜기의 모양도 달라진다. 그 모양에 따라 바늘이 흔들리고, 앰프는 현미경처럼 그 작은 진동을 큰 소리로 증폭시킨다. 스피커를 통해 음악이 들려오는 모든 순간 턴테이블의 바늘 끝은 정확히 그 순간의 소리가 새겨진 골짜기를 지나고 있다. 평화로워 보이지만 실은 깊은 밤 산 속에서 무언가를 쫓는 표범처럼, 한 번도 쉬지 않고 지형을 따라 흔들리며 달린다. 그 흔들림, 그 길의 모양이 내 눈에 보이지는 않지만, 그래도 나는 보고 있는 것이다. 적어도 원의 바깥에서 안쪽으로 한 방향으로만 달리는 바늘이, 이 환상적인 전체 여정 중의 어디쯤을 지나고 있는지는 언제나 확실하게 보인다.

새삼 다시 한 번 생각해본다. 내가 가장 열정적으로 순수하게 좋아하는 게 무엇인지를. 역시 지금도 음악이다. 여러 가지를 떠올려봐도 음악과 견줄 것은 없다. 나를 다 태워버릴 것처럼 사랑했던 사람과도 종종 멀어졌지만 음악이 싫어진 적은 없었다. 그것이 직업이 된 후에는, 싫어지는 게 두려워 직업을 버리기로 마음먹은 적도 있었다. 피지컬 음반을 좋아하는 가장 큰 이유는 결국, 그토록 사랑하는 음악을 더 소중히 여기며 들을 수 있기 때문이다. 하물며 그 음악의 모든 순간이 물리적으로 새겨져 있고 기계가 그걸 읽는 모습을 내가 보면서 듣는다면, 나는 그 물건을 도저히 싫어할 수가 없다. 만약 언젠가 이것과 멀어지는 날이 온다면, 아마 더 이상 음악을 들을 수 없게 되는 날일 것이다. 어떤 이유로든.

주 5일, 하루 일곱 시간 매장을 지킨 지도 꽤 오래되었다. 여전히 일이 지루하지 않은 이유는 우리 집보다 훨씬 큰 스피커가 있고, 거의 하루 종일 턴테이블이 돌기 때문이다(톱니바퀴와 시디도 가끔 돌지만). 정신없이 바쁠 때에도 잠깐씩 짬이 나면 숨을 고르며 바늘을 바라본다. 내가 일하기 시작한 후 매장에서 늘 엘피를 들을 수 있어 좋다는 피드백을 받을 때마다 정말 기쁘다. 지금 틀어놓은 음반이 팔릴 때도, 직접 진열대를 열심히 뒤져서 그 음반을 찾아온 손님과 눈빛을 주고받을 때도 짜릿하다. 전기 요금이 미묘하게 오른 것 같지만 기분 탓이겠지(올랐다면 범인은 냉난방이다). 하지만 바늘이 두 번 부러진 건 기분 탓이 아니다. 처음 한 번은 사장님이 야심차게 한 등급 높은 바늘로 교체했다. 와, 소리가 더 좋아진 것

같긴 하네요. 비싸니까 아무래도 그렇겠죠. 중년 남성 둘이서 아이처럼 설레는 표정으로 잠시 동안 멍하니 서서 바늘을 바라보았다. 시선을 고정한 채 다시 사장님이 말했다.

"옛날 사람들, 어떻게 이런 생각을 했을까요?"

제 말이요, 라는 말이 떠올랐지만 왠지 직원이 사장한테 하기는 좀 그래서 속으로 삼켰다. 그리고 생각했다. 취직하길 잘했어. 언제까지 일할 수 있을지는 모르겠지만. 그리고 얼마 후 청소하다가 또 바늘을 부러뜨렸다. 등줄기에 땀이 흘렀다. 더 주의하겠다고 말씀드리고 마침 매장에 재고가 있던 기본형 바늘로 직접 교체했다.

시디피 블루스

그것도 아마 준영이네 집이었을 것이다. 어린 시절 제일 친했던 동네 친구 준영이의 아빠는 당시 일 때문에 미국에 자주 가셨고, 그 집에는 진귀한 물건이 많았다. 덕분에 나는 '닌텐도 엔터테인먼트 시스템(게임기 '패미컴'의 북미 버전)'과 내 인생 게임이 된 1985년 작 〈슈퍼 마리오 브라더스〉를 거의 실시간으로 체험할 수 있었다. 그리고 마리오 이후의 가장 큰 충격이 바로 컴팩트 디스크, 시디였다.

재생 중에 버튼을 누르면 곧바로 다른 노래가 시작되는 상황을 직접 목격하면서도, 머리로는 받아들이지 못했다. 진부한 표현이지만 정말로 공상 과학 영화의 한 장면 같았다. 꺼내서 처음 본 모양도 그랬다. 외계에서 온 물질 같은 오묘한 색상의 디스크 표면에 은은한 무지개가 이리저리 움직이며 반짝였다. 이 얇은 동그라미 안에 한 시간짜리 음악이 들어 있다고? 중간에 뒤집을 필요도 없다고?! 기기 안으로 다시 스르륵 빨려 들어가는 모습까지, 완벽한 SF 그 자체여서 조금 무섭기까지 했다.

앞의 글을 쭉 읽었다면 알겠지만 나는 바이닐과 카세트테이프, 아날로그 매체를 참 좋아한다. 그런데 여기서 진지하게(나 혼자) 짚고 넘어갈 것이 있다. 나는 결코 시디를 덜 좋아하지 않는다. 우리 집에 있는 내 물건 중 개수가 가장 많은 것은 단연 시디이다. 책보다는 월등히 많고 아마 지금 냉장고 안에 남은 쌀보다도 많을 것이다. 가장 오랜 시간 가장 소중히 여겼던 물건들도 그 시디들이다. 나는 그것들 하나하나를 여전히 좋아하고 자주 꺼내 듣는다.

내 소유의 첫 시디는 불멸의 발라드 명곡 <보이지 않는 사랑>이 수록된 신승훈 2집이었다. 그 앨범을 사러 갔던 기억도 꽤나 생생하다. 1991년 겨울, 일본에 출장을 갔던 아빠가 최신형 소니 디스크맨(소니 사의 초기 휴대용 시디 플레이어 라인업의 이름) D-33을 사 왔다. 나는 이미 수년째 KBS '가요톱텐'을 빼먹지 않고 시청하고, 라디오를 통해 TV에 나오지 않는 싱어송라이터들의 음악과 팝송의 매력을 조금씩 알아가던 초등학교 5학년이었다. 아마도 아빠는 내가 감히 상상도 못 할 최고의 선물을 한 번 주고 싶었던 것 같다. 그 추측이 맞다면, 대성공이었다. 미래에서 온 꿈의 물건이 갑자기 집에 있는 상황이라고 표현하면 그때 나의 기쁨과 흥분이 전해질까. 하지만 정작 시디는 집에 하나도 없었기 때문에 혼자 신줏단지 모시듯 하다가 며칠 후 온 가족이 음반 가게에 갔다.

다른 곳에 가는 길에 잠깐 들렀던가, 아무튼 모두가 즐겁고 여유로운 방문은 아니었다. 일단 엄마는 이 모든 상황이 마음에 들지 않았다. 회사원 외벌이였던 우리 집 살림은 늘 빠듯했다. 지금 검색해본 결과 당시 D-33의 소비자 가격은 19,500엔, 엔화 환율은 상당히 높았다고 한다. 그 시절 물가를 대충 상상해보면 배우자에게 등짝을 맞을 만한 소비였음이 확실하다. 게다가 시디 가격도 카세트테이프의 두 배 이상이었으니까. 나는 적당히 눈치를 보며 미리 계획한 대로 신승훈 2집 시디를 신속하게 집어 드는 동시에 <이별 아닌 이별>이 수록된 이범학 1집 테이프를 슬쩍 끼워 넣었다(그 와중에 나도 참 대단했지). 둘 다 닳도록 들었고 지금도 잘 가지고 있다.

D-33은 건전지(AA 네 개!)를 넣고 헤드폰을 연결해 들을 수 있는 휴대용 시디피였지만, 딱히 초등학생이 휴대할 만한 물건은 아니었다. 사실 어른도 휴대하기 어려웠다. 일단 무거웠고, 튐 방지 기능이 없어서 조금만 움직여도 음악이 끊겼다. 하지만 소리는 좋았다. 헤드폰 단자 외에도 외부 앰프 연결을 위한 출력 단자가 하나 더 있어서, 은색 JVC 오디오 세트(거실에서 슬며시 내 방으로 옮겼다)에 항상 연결해두고 스피커로 음악을 들었다. 그것이 나의 첫 시

디 하이파이였던 셈이다. 그 오디오의 소리가 가끔 사무치게 그리울 때가 있다. 거기서 모든 것이 본격적으로 시작되었으니까.

나의 중2병은 밤의 라디오와 함께 찾아왔다. 낯선 사람들부터 서태지와 아이들까지, 1990년대를 빛냈던 다양한 장르의 뮤지션들을 밤마다 디제이 혹은 게스트로 만나며 혼자 친해졌다. 마음껏 노래를 들으려면 음반을 사는 수밖에 없던 시절, 라디오에 선곡되는 한 곡의 노래가 그렇게 소중할 수가 없었다. 기다렸던 노래가 나오는 순간 공테이프에 녹음해서 듣고 또 듣다가, 그 노래가 좋아서 미칠 것 같아지면 음반 가게에 갔다. 대부분은 카세트테이프였고, 정말 심장이 터질 것 같은 때에만 큰 맘 먹고 시디를 한 장 샀다. 나라에서 허락한 유일한 마약(=음악)에 기꺼이 중독되었던 청소년기 내내, 시디는 나에게 그런 존재였다.

고등학생이 된 후에는 학교에서 보내는 시간이 길어졌다. 그때쯤 나는 이미 밴드 음악에 깊이 빠져 있었고, 같이 음악을 듣고 대화를 나눌 수 있는 친구들이 생겼다. 라이선스 음반 속 해설지만으로는 성에 차지 않아 음악 잡지를 사서 돌려보기도 했다. 듣고 싶은 음악은 기하급수적으로 늘어갔고 앨범 한 장 한 장이 더 절실해졌다. 동시에 학교에 들고 갈 수 있는 시디피도 절실해졌다. 중학교 때 엄마가 사준 카세트 워크맨 WM-FX777을 잘 쓰고 있었지만(지금도 잘 쓴다) '심장이 터질 것 같은' 음악이 많아진 탓에 시디가 꽤 늘었고, 친구들의 시디도 빌려서 실시간으로 듣고 싶었다. 오디오에 연결해둔 D-33을 매번 분리해서 가져가는 건 정말 번거로운 일이었다. 시디가 튀어서 등하굣길에 들을 수도 없고, 옛날 기기답게 빨리 닳는 건전지 값도 너무 아까웠다. 그래도 종종 기를 쓰고 그 무거운 걸 이미 꽉 찬 가방 안에 쑤셔 넣곤 했다.

고3이 될 즈음, 드디어 두 번째 시디피가 생겼다. 숫자도 예쁜 D-E700. 라인업의 이름이 처음으로 디스크맨에서 '시디 워크맨'으로 바뀌었다. 지금까지도 전설의 명기로 회자되는 전작 D-777(영화 〈건축학개론〉에 나온 그 시디피)의 디자인을 계승하면서 튐 방지 등의 편의 기능이 개선된 신형 D-E900의 한 단계 하위 모델이었다. 상위 모델처럼 날렵하지 않고 조금 둥글둥글한 느낌도, 덜 고급스러운 소재의 크림색 상판도 딱 내 취향이었다. 소리도 마음에 들었다. 짧은 시간 동안 그 시디피를 정말 사랑했다. 그리고 도둑맞았다. 안에 들어 있던 더 후(The Who)의 베스트 앨범과 함께.

지금도 절친인 민영이와 나는 반에서 가장 방향 감각이 둔한 두 명이었다. 그때 우리는 주말마다 서울의 안국동에 있는 정독 도서관에 갔다. 넓고 멋진 정원이 있는 그곳에서 공부하는 걸 좋아했다. 사실은 아침에 자리를 맡아두고 다시 정원을 지나 명동까지 걸어서 갔다 오는 걸 더 좋아했다. 간판에 'Since 1979'이라는 문구가 적힌 음반 가게 '부루의 뜨락'은 지금도 그대로 있고, 몇 년 전 서울미래유산으로 지정되었다. 지금은 케이팝 명소가 된 매장 1층에 그때는 중고 시디가 가득했다. 매주 어떤 음반들이 있을지 가기 전에는 알 수 없는, 지구상에서 가장 설레는 보물 창고였다. 정독도서관에서 부루의 뜨락까지, 네이버 지도 기준 최단 도보 거리 2.4킬로미터. 큰길을 따라 그저 직선으로 걸으면 되는 여정에서 우리는 자주 길을 잃었다. 종각역과 을지로입구역, 두 번의 지하도에서 꼭 잘못 나왔으니까(그때는 횡단보도가 없었다). 수다를 떨다가 덕수궁까지 가서 알아차리고는 다시 돌아오기 일쑤였지만, 한 번도 힘들다고 느끼거나 그런 우리 모습에 절망하지 않았다. 몇 시간을 더 깅하다가 한 장씩 골라서 벅찬 마음으로 돌아오면 어느새 저녁이 되어 있었을 뿐이다. 그날은 유독 오래 자리를 비웠고, 하늘에는 해가 없었고, 내 가방 안에는 시디피가 없었다.

모두에게 소중한 도서관 자리를 맡아놓고 오래 비운 걸 일단 반성했다. 그리고 엄마. 그때가 딱 IMF 구제금융 시기였고, 아빠는 잠시 동안 실직 상태였다. 그 와중에 자식이 고3 됐다고, 오랫동안 사달라고 조른 비싼 물건을 할 수 없이 사준 것이다. 너무 죄송스럽고 창피하고 분해서 그날 밤에 좀 울었던 것 같다. 엄마는 아마 이 책을 보고 모든 사실을 처음 알게 될 텐데, 심지어 고백할 것이 하나 더 있다. 한동안 나는 급식을 먹지 않았다. 매점에서 간단한 것으로 때우면서 급식비와 용돈을 모으고, 친구들에게 앨범도 몇 장 팔았다. 두어 달 후 나는 혼자 용산 전자상가에 갔다. 그리고 당시 악명 높던 용산 판매점 상인의 꼬임에 넘어가서 켄우드 사의 커다란 시디피를 샀다….

다행히 기종이 바뀐 건 엄마에게 들키지 않았다. 판매점 주인 아저씨 말대로 사운드가 청아했고, 부드러운 베이스 음장도 나쁘지 않았으며, 튐 방지도 어느 정도 해주는 친구였다. 그저 좀 크고 디자인도 투박하고 아저씨가 마진도 많이 남겼겠지만… 오래 잘 썼으니까 괜찮다. 하지만 한편으로는 떠나간 D-E700이 그리웠다. 이래저래 비통한 기억이라 오랜 세월 떠올리지 않으려 애썼지만 늘 마음 한구석에 있었다. 그러다 몇 년 전 당근마켓에서 5만 원짜리 중고 매물을 극적으로 발견했다! 일산의 어느 쇼핑몰 통로에서 직거래를 기다리며 얼마나 설레었는지 모른다. 놀라울 만큼 상태가 좋았다. 소리도 내가 기억하는 것보다 더 좋았다. 그때보다 비싼 이어폰, 헤드폰을 통해 비로소 이 친구의 진면목을 알게 된 것이다. 매우 낮은 확률이지만 어쩌면 그때 도둑맞은 그 시디피가 돌고 돌아 다시 내게 왔는지도 모른다. 나는 그냥 그렇게 믿기로 했다. 지금도 이걸로 십대 때 산 시디들을 하나씩 꺼내 들으면서 글을 쓰고 있다. 잠시 가만히 눈을 감고, 첫 스쿠버다이빙 때처럼 온몸에 휘몰아치는 감동을 느낀다. 엄마 아빠 고마워요 사랑해요. 그리고 Y씨, 이게 바로 그 시디피예요.

시디 시대는 다시 온다

조금 전 갑자기 등장한 Y는 매일 만나는 직장 동료이고, 1999년생이다. 참고로 나는 1999학번이다. Y는 언제부터인가 시디를 한두 장씩 사기 시작했다. 인생 첫 시디 플레이어를 생일 선물로 받았다며 자랑했다. 매장 손님이 시디피를 들고 있는 모습을 두어 번 보긴 했지만 가까운 지인 중에는 대체 얼마 만인지, 기억도 나지 않는다. 반가운 나머지 나는 동네 꼬치구이 집으로 그를 불러들여 각종 휴대 기기들을 한 보따리 들고 나가 강제로 관람하게 하는 주책을 부렸다.

고맙게도 그는 내 D-E700이 자기 것보다 좋아 보인다며 따뜻하게 반응해주었다. 나는 '아무래도 그렇죠, 이건 지금의 스마트폰 제조사들이 그렇듯 온갖 노하우를 쏟아부어서 매년 최고의 기술과 최상의 부품으로 새로운 기기를 만들던, 시디가 음반 시장의 주인공이던 시절에 탄생한 하나의 산업디자인적 예술품인 반면 당신의 D-EJ002는 그로부터 약 10년 후 모두가 엠피스리를 듣던 시대에 오디오 시디만 재생할 수 있는 기기도 조금이나마 더 팔기 위해 생산 단가를 최대한 낮추어서 만든 모델이니까요…'라고 얄밉게 말하지는 않았다. 대신 다른 진심을 전했다. "그것도 요즘 겉만 그럴싸하게 만들어서 '레트로 감성템'으로 광고하는 저렴한 중국산 기기들이랑은 달라요. 좋은 소리와 좋은 청취 경험은 그것을 만든 사람들의 자존심이거든요. 아무리 보급형이라고 해도, 소니는 소니입니다."

'아무튼, 레코드'라는 제목이 무색하게 기계 이야기를 너무 오래 하고 있는 것 같지만, 시디 이야기는 꼭 휴대용 시디피 이야기로 시작하고 싶었다. 1990년대의 시디는 명실상부 가장 안정적으로 음악을 들을 수 있는 매체이면서, 그 상태 그대로 휴대할 수 있다는 게 엄청난 메리트였다. 당시의 젊은이들, 나와 내 친구들에게 시디와 시디피는 그 어떤 것보다 쿨한 물건이었다. 하지만 시간이 흘러 그토록 꿈꾸던, 내가 만든 음악이 담긴 시디를 손에 들었을 때에는 슬프게도 이미 쿨하지 않았다. 시디 시장은 빠르게 쇠퇴했고 아티스트의 열성 팬들만을 위한 상징적인 물건이 되어갔다. 실제로 음악을 듣기 위해 시디를 사는 사람은 점점 더 찾기 어려워졌다. 당연히 시디피도 찾기 어려워졌고 시디를 듣고 싶어도 못 듣는 세상이 되었다. 여기까지는 모두가 아는 이야기.

시디를 조금씩 사기 시작한 Y가 어느 날 매장에서 이런 말을 했다. "시디를 모으는 게 왠지 좀 유행할 것 같아요. 엘피는 일단 너무 비싸고… 시디는 작고 예쁘면서 소리도 좋고, 가지는 기분이 좋잖아요."
그런 유행이라면 나도 얼마든지 찬성이지만, 자신의 개인적인 취향을 사회 현상으로 일반화하다니 참으로 귀여운 젊은이로군, 하고 생각했다. 2020년대 중반에 시디가 다시 유행한다니, 설마. 그런데 정말로 무언가가 일어났다. 적어도 이 매장 안에서는 어떤 현상이 일어나는 것을 내가 직접 느끼게 되었다. 그전까지 우리 매장에서 시디를 사는 '젊은' 손님들은 크게 두 부류로 나눌 수 있었다. 일단 내가 얼굴을 기억하는 단골손님들. 말 그대로 시디를 모으는 사람들이다. 나는 늘 반갑지만, 그의 무리에서는 아마 좀 특이한 친구가 아닐까 추측하곤 했다. 다른 부류는 그냥 구경하러 왔다가 재미로 시디를 사는 손님들. 좋아하는 음반이 눈에 띄면 기념으로 한 장 사 가는 것이다. 아마 그걸로 음악을 듣지는 않을 거라 추측하곤 했다. 그런데 지금은 아무런 분류도 추측도 할 수가 없다. 시디를 사는 젊은 손님의 수가 크게 늘었고, 그들이 찾는 음반의 종류도 훨씬 다양해졌다.

점원인 나는 꽤나 피곤해졌다. 가끔 심할 때는 올리브영 세일 기간에 혼자 일하는 듯한 공포를 느낄 정도…. 말이 씨가 된 거 아니냐고 Y에게 항의라도 하고 싶지만 그의 일도 같이 늘었다. 한편 피곤한

동시에 꽤나 흥미로워졌다. 왜 이런 현상이 벌어졌을까? 인터넷에 찾아보니 역시 이미 한참 전부터 이런저런 분석이 있었다. Z세대들이 좋아하는 음악을 물건으로 소장하고 싶어 하고, '뉴트로' 붐과 함께 시디 판매량이 다시 올라가는 중이라고. 걸그룹 에스파는 투명한 시디피가 포함된 음반 패키지를 출시해 품절 대란을 일으켰다고 한다. 예나 지금이나 트렌드를 잘 모르고 살긴 하지만 음반 매장에서 일하면서도 이런 걸 몰랐다니! 하지만 우리 매장도 최신 트렌드보다는 자기 취향을 뚝심 있게 지키고 넓히려는 손님들이 더 많이 찾는 곳이니까, 어쩌면 그 유행의 파도 또한 조금 천천히 도달한 건지도 모르겠다.

앞서 내가 느끼는 바이닐과 카세트테이프의 매력 중 하나로, 나와 함께 낡아간다는 점을 이야기했다. 시디의 매력은 그 반대이다. 한결같다. 물리적으로 심하게 손상되지 않는다면 언제까지고 처음과 같은 소리를 들려준다. 내가 사서 처음 뜯었을 때가 아니라, 아티스트와 엔지니어가 모든 작업을 끝낸 바로 그 순간의 소리를 말이다. 지금의 대세인 스트리밍 서비스들은 저마다의 최적화 방식이 있다. 여러 서비스를 비교해서 들어보면 분명 똑같은 마스터 음원을 사용했음에도 불구하고, 수치상으로 표현 가능한 음질뿐 아니라 음색이 미세하게 다르게 느껴지기도 한다. 그런 차이가 각자의 취향에 따라 서비스를 선택하는 기준이 될 수도 있다. 나쁘다는 게 아니라 어쨌든 그렇다는 것이다. 한번 완성됐던 음악이 무언가의 과정을 더 거쳐서 내 귀에 도달한다는 것. 하지만 내 손에 쥔 시디는, 아티스트가 후련한 마음으로 손에 쥔 마스터 시디와 정확하게 같은 정보를 담고 있다. 그것과 내 귀 사이에 있는 건 오직 나의 청취 환경뿐이다. 내가 선택한 재생 기기와 스피커 혹은 헤드폰, 이어폰.

    음반 재생 기기의 멋진 점은, 오직 해당 포맷의 음반을 잘 재생하기 위해서 기능한다는 점이다. 기기 안에 촘촘하게 박혀 있는 모든 부품들이 단지 그것만을 위해 각자의 일을 열심히 하고 있다. 스마트폰은 그렇지 않다. '저는 사실 그냥 칩 하나인데 동시에 아주 많은 일을 할 수 있고 작년 모델에 비해서도 처리 속도가 몇십 퍼센트나 늘었는데 음악 재생 정도는 껌이죠 후훗 예쁘고 깔끔하게 해드릴게요~'라고 말하는 느낌이다. 나는, 내가 무엇보다 사랑하는 음악만큼은, 조금 더 번거롭게 듣고 싶다. 아무렇게나 찍어 놓고 귀찮아서 지우지도 않는 사진 한 컷 정도 크기의 음원을 실시간으로 다운받으며 들려주는, 기계 입장에서 그 정도로 가벼운 일이 되었다는 사실에 불쑥 심술이 나곤 한다.

시디 시대는 다시 온다고 마치 무슨 미래 예측 전문가 같은 제목을 붙였지만(붙이면서 쾌감이 있었다), 사실 올지 안 올지 나는 모른다. 올 만큼 왔다가 벌써 다시 가는 중일 수도 있다. 주절주절 적어 봤자 앞서 인용한 Y의 말보다 더 정확하고 간결한 분석은 하지 못할 것 같다. 시디 시대가 오든 안 오든 나는 늘 혼자 잘 즐기고 있다. '플꾸(플레이어 꾸미기)'도 유행이라는데, 내 모든 휴대용 기기들은 이미 예전부터 다채로운 스티커로 장식되어 있다. 아주 비싼 것들은 없지만 나름대로 만족스러운 하이파이 환경도 방마다 다른 조합으로 갖춰두었다. 아, 수천만 원짜리 시디 오디오도 하나 있긴 하다. 오래된 내 자동차. 바퀴 달린 그 커다란 시디피로 15만 킬로를 달리며 지금껏 들은 시디의 회전수가 어쩌면 바퀴 회전수와 비슷하지 않을까. 그런 나이지만 어쨌든 시디 시대는, 꼭 다시 '왔으면 좋겠다'. 정말로 붙이고 싶은 제목은 이것인 것 같다. 매장이 더 바빠진다면… 그때 가서 생각하기로 하고.

이야기하기 조심스럽지만, 환경 면에서도 그렇다. 사실 환경을 생각하면 모든 형태의 실물 음반을 사고 파는 마음이 무거워지지만 시디는 특히 그렇다. 썩지도 않는데 재활용도 어려워서 어쩔 수 없이 종량제 봉투에 버려야 하고, 얇고 가볍다 보니 더 편하게 버리게 되는 것 같다. 포토카드 등의 구성품을 다르게 만들어 판매량을 늘이는 케이팝 시디 패키지에 대해서는 이미 한참 전부터 문제가 제기되곤 했다. 어차피 듣지 않아 필요가 없지만 같이 있어야 자연스러울 뿐인 시디는, 그런 만큼 더 쉽게 버려지니까. 하지만 시디를 듣는 세상이 다시 와서 디스크 자체의 가치가 높아진다면, 버려지는 비율이 상당히 줄어들지 않을까. 그리고 가치가 높아지는 만큼 지구와 공존할 수 있는 방법을 인류가 더 진지하게 고민하지 않을까. 한참 전에 돌아온 유행이 식을 줄 모르는 바이닐의 경우 실제로 그런 시도가 꽤 많이 이루어지고 있다. 얼마 전에는 밴드 콜드플레이(Coldplay)의 행보가 눈길을 끌었다. 새 앨범 《Moon Music》을 내면서 바이닐뿐 아니라 시디까지도 폐기물을 재활용한 소재로 만드는 데 성공한 것이다. 모두가 당연한 듯 그렇게 하고 또 계속 더 좋은 방법을 찾는, 그런 시디 시대가 왔으면 좋겠다. 이 큰 즐거움을, 가능하다면 계속 누리며 살고 싶으니까.

　　언제나 한결같은 시디는 가격도 한결같다. 매체 특성상 제작 단가가 낮고 대량 생산이 쉽기 때문에 많이 오르지 않는 것 같다. 그 밖의 물가는 대부분 많이 올랐기 때문에 이제는 밥 한 끼 가격으로 시디 한 장을 살 수 있다. 매장에서 여러 장의 시디를 계산대 위에 놓으며 '몇 끼 굶어야겠다!' 하고 소리치는 청춘들을 자주 본다. 음반들을 구경하다가 '여기가 맛집이네'라고 중얼거리는 소리도 자주 들린다. 그런 분위기에 휩쓸려서 나도 요즘 시디를 꽤 많이 산다. 행복하다. 그리고 다들 나만큼 행복했으면 좋겠다는 생각을 한다. 밥 한 끼 덜 먹고 산 시디를 모두가 오래오래, 버리지 않고 맛있게 들었으면 좋겠다는 생각을 한다. 그런 이유로 나는 소니든 다른 어떤 곳이든, 역사와 전통을 가진 음향 기기 전문 회사에서 다시 휴대용 시디피를 만들어주었으면 좋겠다.

　　예전처럼 손에 기분 좋게 잡히는 아름다운 기기 안에, 세심하게 튜닝된 앰프와 튼튼한 모터와 수명이 긴 픽업을 넣어주었으면 좋겠다. 시디를 고정시킬 때에도 뚜껑을 여닫을 때에도 고급스러운 달칵 소리가 났으면 좋겠다. 시대에 맞게 C타입 충전과 블루투스를, 더 나아가 스마트폰과의 연동을 통해 재생 중인 음반 정보 표시와 원격 제어 등 편의 기능까지 지원하면 더 좋겠다. 어쩌면 이미 개발 중일지도 모른다. 진짜로 시디 시대가 오고 있다면 그들이 나보다는 더 빨리, 정확하게 알았을 테니까. 올지 안 올지 모르는 그때까지는 별수 없이 중고를 더 추천한다. 황금기에 만든 기기들은 여전히 훌륭하다. 이상이 생기면 그 부분만 수리하면 된다. 스마트폰처럼 전체를 교환할 필요가 없다. 낡은 기기를 고쳐 쓰는 젊은 마음을 반겨주는 장인들이 여전히 곳곳에 있다.* 아마 지구도 그런

* 서울에는 청계천 세운상가에 많고 용산 전자상가 등에도 있다. 택배로 기기를 주고받으며 수리하는 사람들도 있다(이런 경우 대부분 블로그를 운영한다). 잘 찾아보면 당신이 사는 동네의 어느 골목에도 '수입 오디오', '국가 기능사' 같은 글씨들이 적힌 가게가 있을지 모른다. 내가 늘 믿고 맡기는 곳은 세운상가의 '영진전자'이다. 여러 개의 휴대 기기들뿐 아니라 매장 카세트 데크를 비롯한 몇몇 하이파이 기기들도 이곳을 거쳤다. 조그만 라디오를 손에 들고 '아 이누무 거 또 소리가 안 나!' 소리치는 어르신들과, 어르신 귀에 대고 '어떻게 안 나는데!' 소리치는 사장님을 구경하는 재미가 있다. 여담이지만 작은 공간에 앉아 숙인 자세로 일하는 사장님의 건강이 가끔 염려되는데, 한편으로는 20년 전이나 지금이나 연세를 가늠하기 어려운 한결같은 외모인 게 신기했다. 그러다 얼마 전 시디피를 수리하러 같이 갔던 동료 Y가

마음을, 조금은 더 반겨주겠지.

알려주었다. 가게 안에 보디빌딩 챔피언 메달이 걸려
있더라고. 나는 내 건강이나 염려하기로 했다.

Interlude
최근에 잘 산 시디 몇 장

　너무 많지만 생각의 흐름대로 잠시 적어보자. 일단 여전히 그 어떤 스트리밍 플랫폼에서도 음원을 찾을 수 없는 깐깐한 일본 최고의 싱어송라이터 야마시타 타츠로(Tatsuro Yamashita)의 앨범들, «Ride On Time», «Melodies», «Big Wave» 등. 그의 카탈로그는 얼마 전부터 바이닐과 카세트로도 하나둘 재발매되고 있다. 하지만 나는 그의 음악들을 시디로 듣는 기분이 좋다. 사실 2010년대에 다시 세계적으로 유행한 '시티 팝' 스타일의 80년대 일본 음악들 상당수가 나에게는 그렇다. 1979년에 처음 개발된 시디는 80년대 들어 상용화되기 시작했다고 한다. 수십 년 후의 젊은이들도 '도시적'이라 일컫는, 그 당시 최고의 세련미를 추구한 음악. 그리고 그런 음악이 담긴 반짝이는 새 시대의 매체. 그것을 케이스에서 꺼내 플레이어에 넣고 깨끗한 음악 소리를 들으며 일본 시디답게 꼼꼼한 퀄리티로 제작된 부클릿을 펼칠 때,

비로소 한 세계가 완벽하게 구현되는 기분이 든다. 일본 시디들은 대부분 가격이 비싸지만 이미 많이 팔렸던 예전 음반들의 리이슈는 꽤 저렴한 경우가 많다. 그렇게 만족스런 가격에 구입한 시티 팝 명반들, 오오누키 타에코(Taeko Onuki)의 《Sunshower》도 오하시 준코(Junko Ohashi)의 《Magical》도 얼마나 도시적인 기분으로 즐겁게 들었는지 모른다. 전 세계의 시디 판매량이 급감하던 시기에도 일본에서는 다양한 음악들의 시디 수요가 그나마 계속 이어져 왔다. 그렇다 보니 이제는 본국에서도 시디로는 생산하지 않는 예전 브라질 음반 등을 일본에서만 만들어 'Nice Price'로 파는 경우들이 있다. 브라질 보사노바의 전설 주앙 지우베르투(João Gilberto)의 1977년 작 《Amoroso》, 카에타누 벨로주(Caetano Veloso) 등과 함께 만든 1981년 작 《Brasil》, 1991년 작 《João》 등도 각각 만 원이 조금 넘는 가격에 사서 자주 행복하게 듣는다. 영원히 존경하고 사랑하는 아스트루드 지우베르투(Astrud Gilberto)의 《September 17, 1969》은 내 모든 시디들을 통틀어 가장 좋아하는 것 중 하나가 되었다. 일본에서 만든 저렴이 재즈 음반들도 그간 많이 샀는데, 연주도 녹음 상태도 훌륭하기로 소문난 쳇 베이커(Chet Baker)

의 두 장짜리 라이브 앨범 《Memories: Chet Baker In Tokyo》는 정말이지 들을 때마다 행복한 시디. 일본에서는 심지어 시디 재질에 변화를 줘서 미세한 음질 향상을 꾀하는, 시디의 생명 연장을 위한 기술적인 노력도 끈질기게 해왔다. 예를 들어 얼마 전에 산 재즈 기타리스트 케니 버렐(Kenny Burrell)의 《God Bless The Child》는 'Blue Spec 시디', 빌 에반스(Bill Evans)의 《The Paris Concert: Edition One》과 《Edition Two》는 'Ultra High Quality 시디'이다. 솔직히 일반 시디와의 소리 차이는 잘 모르겠지만 기분은 더 좋고 딱히 비싸지도 않아서 더 좋다.

재즈 시디 얘기를 하다 보니 문득 독일의 재즈 레이블 'ECM'이 생각난다. 바이닐과 카세트도 꽤 가지고 있지만 그 레이블의 시디들이 나는 참 좋다. 모두 비슷한 아름다움을 지닌 미니멀리즘 디자인의 부클릿과 알판을 볼 때마다 감탄하게 된다. ECM 음반들은 항상 첫 시작 5초 동안 소리가 나지 않는 것이 특징이다. 어떤 음악이든 듣기 전에 자세를 잡고 마음의 준비를 해야 한다는 설립자이자 프로듀서 만프레드 아이허(Manfred Eicher)의 철학 때문인데, 시디를 재생할 때 그 무음 구간이 특히 설렌다. 정확히 시디가 핑 돌기 시작한 후 숫자가 다섯 번 바뀌는 걸

볼 수 있으니까. 최근에 갑자기 노르웨이 피아니스트 케틸 비에른스타(Ketil Bjørnstad)의 90년대 ECM 발매작 《The Sea》와 《The Sea II》 시디가 매장에 입고됐다. 그의 피아노와 데이비드 달링(David Darling)의 첼로가 함께하는 음악은 못 참지. '사장님 나이스'를 외치며 내가 샀다(한두 장씩 들여오는 걸 자꾸만 제가 사서 죄송합니다). 이 시디들을 틀고 5초가 지나면 우리 매장은 서울 마포구 동교동이 아니라 장엄한 북유럽의 바다 한가운데 떠 있다. 자 이제 다른 장르의 시디들 이야기…는 숨이 차서 언젠가 기회가 되면 따로 하는 것으로 하겠다.

반갑고 조심스러운 일

라디오 디제이 등의 방송 활동을 활발하게 하던 시절, 직접 음악을 추천할 때가 많았다. 매번 즐거운 일이었지만 분명 스트레스도 있었다. 그날의 날씨와 사회 분위기, 방송의 흐름, 수많은 사람들의 취향 등 여러 가지를 고려해서 '적당한' 음악을 골라야 했기 때문이다. 게다가 '뮤지션으로서의 나'를 간접적으로 드러내는 선곡이기도 하니까. 머릿속에 떠오르는 좋아하는 노래들 중 무엇을 고를까 설레는 동시에 마음 한구석이 무거워지곤 했다. 어쩌면 그 무게가 미디어를 통해 많은 사람들을 동시에 대하는 직업의 본질이 아닐까 하는 생각도 든다.

    매장에서 일하는 지금도 음악 추천을 한다. 방송에서 하던 것과는 많은 점이 다르다. 일단 불특정 다수를 향하는 추천이 아니다. 지금 나에게 말을 건 손님 한 분의 평소 음악 취향과 오늘의 기분이 어떤지만 생각한다. 매장에 진열된 음반들 중에서 골라야 한다는 제약이 있지만 그래서 덜 막막하기도 하다. 이 추천 속에 나의 음악적 자아가 투영된다는 심적 부담을 느낄 이유도 없다. 쉽고 편안하다는 뜻이구나, 여기까지 읽으면 그렇게 생각할 것이다. 하지만 나란 사람에게는 이 추천 역시 매번 어렵고 긴장된다. 아니 대체 왜!

일단은 과거의 내 경험 때문이다. 사장님, 혹시 음반 좀 추천해주실 수 있나요? 이 말을 하기 위해 상당한 용기가 필요하다는 것을 안다. 내가 그랬으니까. 음반 가게에 빽빽하게 들어찬 각양각색의 음반들 사이를 걷다 보면 정신이 아득해지곤 했다. 하지만 지금 내 마음에 꼭 맞는 한 조각을 어떻게든 구해서 돌아가고 싶다. 그래서 일부러 여기까지 왔으니. 그 마음이 정말로 간절할 때 어렵게 말을 걸게 되는 것이다. 한 손님의 눈길이 음반들과 나를 번갈아 향하는 모습을 본다. 물어볼까? 아, 어쩌지? 그냥 물어보자. 두 손님의 이런 대화가 귀에 들린다. 그런 다음 추천 요청을 받으면 그들의 용기에 진심으로 화답하고 싶어지고, 나도 모르게 비장한 느낌으로 대답하게 된다. 네, 한번 최선을 다해보겠습니다. 그런데 일단 저는 사장은 아니고요…(기대치를 조금 낮추고 시작한다).

'집에 턴테이블이 생겨서 엘피를 처음 사보는데 뭘 사야 할지 모르겠다'의 경우, 정말 반갑고 조심스럽다. 이 손님은 인생 첫 엘피를, 나의 도움을 받아 우리 매장에서 구입하게 되는 것이다. 그냥 적당히 괜찮은 음악 아무거나 골라달라는 손님에게 나는 이런저런 질문을 퍼붓는다. 집에 있는 턴테이블에 그것을 올려 처음으로 듣는 순간의 기분이 그냥 적당히 괜찮아서는 안 되니까. 당신이 오늘 선택할 음반 한 장을 통해 도달하고 싶은 지점이 분명 있을 겁니다. 무의식을 들여다봐서라도 제발 대답해달라는 느낌으로. 어느 날은 특정 장르의 음악을 즐겨 듣는 외국인 손님이 자기가 좋아할 만한 한국의 음악을 추천해달라고 한다. 갑자기 '국뽕'이 차오른다. 머릿속에 떠오르는 동료들의 멋진 음악이 이제는 절판되어 매장에 진열되어 있지 않은 것이 개탄스럽다. 몇 장을 애써 추천한 후에도 손님의 표정이 애매하다 느껴지면, 다른 장르의 음악을 강권하기 시작한다. 이건 네가 좋아하는 스타일이랑은 조금 다르지만 리얼 코리안 레전더리 레코드야. 우리 시대의 히스토릭 마스터피스*라

---

* 이 글을 먼저 읽어본 한 친구가 대체 그 음반이 뭐냐고 물었다. 여러 가지가 있지만 그 순간 팍 떠오른 것 하나, 밴드 서울전자음악단의 2009년 작 《Life Is Strange》. 그때나 지금이나 많은 이들이 사이키델릭 록 명반으로 꼽는다. 그전까지 라이브로만 들을 수 있었던, 완전히 절판된 신윤철 솔로 3집의 명곡 〈서로 다른〉이 15년 만에 다시 녹음되어 수록되었다는 사실만으로 눈물나게 기뻤다. 그때 산 시디를 참 많이 들었는데, 2023년에 두 장짜리로 나온 바이닐은 오직 이 버전만을 위해 앨범 전체의 믹싱을 다시 했다. 몽환적인 매력도 클래식한 질감도 한결 더 깊어졌고 나는 이제 이걸로만 듣는다.

고 할 수 있지. 손님의 표정이 애매함을 넘어 형언할 수 없게 변해간다.

그 밖에도 손님들의 니즈는 다양하고, 나도 다양하게 긴장하며 오버한다. 그중 제일 난감한 경우는, 그냥 커버가 예쁜 음반을 찾는 손님이다. 어차피 가게에 장식해둘 거라 음악은 아무 상관 없다고. 이것저것 따지지 않고 쉽게 매상을 올려줄 손님이다. 점원으로서 그냥 예쁜 것들을 몇 장 골라주면 될 일. 하지만 도무지 그럴 수가 없다. 저희 매장 음반들은 전부 공장에서 막 나온 신품이라서 가격대가 좀 있거든요. 음악을 들으실 게 아니라면 상태가 낡아서 가격이 저렴한 중고 음반을 구하시는 게 낫지 않을까요? 손님은 (시간이 없고 돈은 많으니까) 빨리 골라달라고 한다. 그 순간 내가 거울을 봤다면 아마 침통한 얼굴이었을 것이다. 여기 있는 음반들 모두, 조금이라도 더 좋은 소리가 나도록 완성하기 위해 얼마나 많은 사람들이 밤낮없이 고생하며 피땀 눈물을 흘렸는지 아십니까…라는 말은 속으로만 했다. 그 와중에 가게 분위기를 묻고 커버와 음악이 함께 어울릴 만한 명반들을 고르며 '그래도 혹시 언젠가 꺼내서 틀어본다면 분명 좋아하실 거예요…' 정도의 말을 조그맣게 덧붙였던 것 같다.

엄밀히 말하면 모두 입사 초기의 내 모습이다. 2년이 지난 지금은 이 정도로 오버하지 않지만, 어떤 손님의 요청이든 여전히 가볍게 여기지는 못한다. 생각해보면 이렇게 매일 새로운 사람들과 일대일로 마주 보고 소통하며 사는 것이 처음이다. 학생 시절 가게에서 아르바이트를 해본 적도 없다. 꽤 일찍 가수로 데뷔했고, 그 또한 무언가를 파는 직업이지만 소비자와의 관계는 일대일이 아니었다. 방송에서 음악을 추천할 때에도 청취자들의 반응을 보고 소통했지만, 바로 앞에 있는 사람과의 소통은 아예 다른 차원이라는 것을 매일 실감한다. 반응은 즉각적이고 확실하게 나타나며, 나의 보람과 좌절 또한 그렇다. 게다가 이 소통의 종착점은 금전 거래이다. 과거 내 음악의 소비자들(팬들)과 소통을 많이 하는 편이었다고 해도, 돈이라는 건 정기적으로 통장에 찍히는 숫자로만 보일 뿐이었다. 매장에서는 내 손으로 상품을 전달하고 돈도 내가 직접 받는다. 거래 하나, 사람 한 명. 그만큼의 확실한 무게. 내 목소리로 안내하는 금액 이상의 만족감을 이 손님에게 주고 싶다는 강박이 생긴다.

며칠 전 음반을 추천하는 일에 대한 글을 쓰고 있다는 내 말에 한 친구가 물었다. 정말 많이 좋아하는 것은 추천하기 어렵지 않냐고. 가끔은 혼자서만 좋아하고 싶다는 생각이 들지는 않냐고. 한참을 생각했다. 그리고 또 다른 몇 번의 경험이 떠올랐다. 정확히는 세 번 있었다. '여기 있는 것들 중에서 사장님이 제일 좋아하시는 음반은 뭔가요?'라는 질문. 손님 자신의 취향과 상관없이, 이 매장 주인(아니라니까요)의 인생 음반을 추천받아 들어보고 싶다는 것이다. 그렇게 나는 같은 음반*을 세 번 팔았다. 하지만 매번

---

* 사운드가든(Soundgarden)의 1996년 작 «Down On The Upside». 고등학교 때부터 수없이 들었고 앞으로도 아마 그럴 것이다. 나는 이 앨범의 모든 순간들을, 그리고 이 앨범이 가진 모든 요소들을 사랑한다. 지루할 틈이 없는 다양한 시도들, 크리스 코넬(Chris Cornell)의 천재적인 송라이팅과 보컬, 네 멤버의 개성과 조화가 그대로 느껴지는 연주, 그리고 강렬한 에너지 속에서도 모든 소리들이 하나하나 살아 있는 듯한 놀라운 레코딩과 믹싱. 강력하면서도 슬프고 아름다운 이 앨범에는 당시 최고조에 달한 그들의 역량과 피로가, 모든 여유와 긴장이 고스란히 담겨 있는 것 같다. 그래미를 수상한 전작 «Superunknown»의 어마어마한 성공 후, 직접 프로듀싱한 이 앨범을 끝으로 사운드가든은 해체했고 십수 년 후에야 다시 돌아왔다. 그리고 몇 년 후, 크리스 코넬은 세상을 등졌다. 두 번째 타투를 한다면 52세에 떠난 그가 31세에 부르짖은 노랫말을 새겨 넣고 싶다. '왜 아무도 외로움을 믿지 않지? 일어나, 모두가 너의 거룩함을 볼

아무런 추천의 말도 덧붙이지 못했다. 정말 많이 좋아하는 것은 추천하기 어려운 것이 맞았다. 일단 내가 이것을 왜 좋아하는지를 짧게 요약할 방법이 없다. 적당한 분량으로 간신히 표현했는데 그가 공감하지 못할 경우, 내가 받을 상처를 감당할 자신도 없다. 그렇다면 이것을 나만 좋아하고 싶은가? 다른 사람들은 모르는 게 나은가? 그건 아니었다. 소유욕이라면 집에서 나와 함께 시간을 쌓은 음반 한 장으로 충분하다. 나는 내가 좋아하는 것을, 할 수만 있다면 방방곡곡 퍼뜨리고 싶어 하는 종류의 사람이라는 걸 새삼 깨달았다. 그렇지 않다면 아마 이 책도 세상에 존재하지 않겠지.

직접 골라서 구입한 음반을 그 자리에서 뜯어 매장 오디오로 들어보고 싶어 하는 손님들이 있다. 또 간혹 내가 잘 모르는 장르의 음악을 추천해야 할 때는, 그간 궁금했던 음반들을 손님과 함께 들어보기도 한다. 이런 식으로 처음 듣고 좋아하게 된 음악들

> 거야.' 영어로는 더 긴 문장이어서 소심한 나는 아마도 못 새긴 채로 살겠지. 그가 남긴 수많은 노래들과 함께, 가늘고 길게.

이 있다. 도리어 내가 추천을 받은 셈이다. 덕분에 좋은 음악 알았다고 감사 인사를 드린다. 얼마 전에는 오랜만에 내 이름을 검색했다가, 아주 예전에 내가 방송에서 추천한 음악에 대한 글을 보았다. 라디오에서 선곡했던 조동익의 〈함께 떠날까요〉*가 그의 인생에 큰 의미가 있는 곡이 되었다는 이야기. 여전히 나에게도 의미가 큰 곡이지만, 그 블로그를 몰래 보고 난 후 더 그렇게 되었다.

결국 '좋은 것을 함께 나누는 일'이다. 어렵지만 하고 싶은 일. 그리고 예나 지금이나 그런 일을 할 기회가 주어진다는 것이 감사하다. 요즘 이런 생각을

* 대한민국 명반 리스트에 언제나 꼽히는 포크 듀오 어떤날의 앨범들도 정말 좋아하지만, 나는 그 후에 나온 조동익의 첫 솔로 앨범 《동경》을 더 좋아하고 더 많이 들었다. 몇 년 전 그가 직접 리마스터링한 바이닐이 나왔을 때 얼마나 반가웠는지 모른다. 절친 태준 형을 처음 만난 군 시절, 이 앨범 또한 그의 소개로 처음 만났다. 팻 메시니(Pat Metheny)의 음악을 좋아하는 사람(나)이라면 바로 빠져들 수밖에 없는 서정적인 연주와 멜로디, 향수를 일으키는 예쁜 단어들로 가득했다. 어딘가로 떠나고 싶은 기분이 들 때마다 나는 이 노래 〈함께 떠날까요〉를 들었다. 군 시절에는 시디였고 지금은 바이닐로 듣는다. 떠날 수 없는 상황이어도, 혼자여도, 이 노래를 듣고 나면 마음이 잘 맞는 누군가와 함께 잠시 어딘가 다녀온 듯한 기분이 된다.

자주 하면서 살고, 덕분에 전보다 훨씬 여유로운 마음으로 손님들을 대하고 있다. 어느 정도로 여유롭냐면, 적당히 취향이 맞는다 싶으면 대략 세 번째 추천작으로 내 앨범*을 들이밀 정도. 좋은 것을 나누는 일이고, 누가 뭐라든 여전히 나는 이 앨범을 좋아하니까. 손님이 마음에 들어 하면 사실 이거 나라고 고백까지 한다. 많이 뻔뻔해졌다. 언젠가 다시 방송을 한다면 예전보다 뻔뻔할 수 있을지도?

---

* 첫 솔로 앨범, 2016년 작 《Baby Birds》. 좋은 노래들이 좋은 소리로 담긴 좋은 앨범이라고 생각한다. 개인적인 얘기지만 당시 음악인, 연예인의 삶에 서서히 지쳐가던 나는 이 앨범 작업을 통해 다시 기운을 얻고 싶었다. 지금 들으면 그런 절박함이 느껴져서 조금 슬퍼졌다가, 좋은 친구들과 함께했던 고마운 순간들이 가득 담겨 있어 또 웃음이 났다가 한다. 바이닐과 카세트테이프는 2017년 서울레코드페어 최초 공개반이었고 당시 현장에서 공연도 했다.

Interlude
매장에서 일하며 가장 많이 추천한 음반

다양하게 추천하려고 노력하기 때문에 압도적인 1등은 없지만, 만약 내가 기록을 해두었다면 아마도 쳇 베이커의 1974년 작 《She Was Too Good To Me》가 가장 많았을 것이다. 일단 '잔잔하고 편안한 재즈 엘피' 한 장을 추천해달라고 하는 손님들이 많기 때문이다. 까다로운 취향의 손님이 아닐 때는 똑같은 걸로 대충 때우는 건가 싶을 수 있지만 결코 그렇지 않다. 나는 '잔잔하고 편안한 재즈'에 진심이다. 사람을 편안하게 만드는 음악의 가치를 굉장히 높이 여기고 있고 그런 음악을 즐겨 듣는 것은 물론, 그런 음악을 하고 싶어 하는 사람이기도 하다.

마약 때문에 감옥에도 가고 치아도 잃는 암흑기를 겪고 난 후, 사십대 중반이 된 쳇 베이커는 이 앨범을 발표하며 꽤 성공적으로 복귀했다. 재즈 음반 추천 요청을 받으면 특별히 듣고 싶은 악기 소리가 있는지, 사람 목소리가 있는 음악을 원하는지 아닌지 등을 먼저 묻는데, 손님 자신이 무엇을 원하는지 잘 모르는 경우도 많다. 이 앨범에는 여러 가지가 있다. 보컬이 있는 곡과 연주곡, 차분한 곡과 조금 경쾌한 곡이 적당히 섞여 있어서 누가 들어도 지루하지 않다. 커버는 마치 영화 포스터 같다. 여인의 아련한 한쪽 눈을 바라보며 어떤 사연일지 몹시 궁금해지는 영화(게이트폴드 재킷을 펼치면 코와 입술까지 드러난다). 그리고 그 위에는 전설적인 음악가들의 이름이 마치 배우와 스태프 크레딧처럼 적혀 있다. 드러머 스티브 갯(Steve Gadd)과 잭 디조넷(Jack DeJohnette), 베이시스트 론 카터(Ron Carter), 훗날 포플레이(Fourplay)를 결성하는 키보디스트 밥 제임스(Bob James), 플루티스트 휴버트 로스(Hubert Laws), 그리고 내가 세상에서 가장 좋아하는 색소포니스트 폴 데스몬드(Paul Desmond)까지. 그 아래 돈 세베스키(Don Sebesky)라는 이름도 함께 적혀 있는데, 이 사람이 편곡자로 참여한 음반은 무조건 듣기 좋고 편안하다고 생각해도 된다. 오케스트레이션을 비롯한 다양한 악기의 흐름을 섬세하게 배열해서 '아, 좋다…'라는 소리가 절로 나오게 만드는 음악가이고, 이 앨범에서도 물론 그렇다. 쳇 베이커의 모든 팬들이 가장 먼저 떠올리는 작품은 아닐지 몰라도, 나는 이 앨범이 참 좋다.

'저는 이 앨범을 참 좋아하는데, 한번 들어보실래요?'라는 짧은 추천의 말과 함께 나는 속으로 다음과 같은 생각들을 한다. 이 앨범 속 쳇 베이커의 보컬이 마음에 들었다면 그 다음에는 그의 가장 젊고 섹시한 목소리가 담긴 1954년 작 《Chet Baker Sings》를 들으시게 되겠지. 그의 트럼펫 연주가 좋았다면 처연한 선율로 가득한 1959년 작 《Chet》을 찾아서 듣고, 그 선율 뒤에서 조용히 빛나는 피아노가 바로 빌 에반스라는 걸 곧 아시게 될 거야. 폴 데스몬드의 색소폰이 좋았다면 그와 기타리스트 짐 홀(Jim Hall)이 대화하듯 연주하는 1960년대의 명반들을 찾아 들은 후 재즈 기타의 매력에도 푹 빠지실지 몰라. 폴 데스몬드가 사이먼 앤 가펑클의 명곡들을 연주한 1970년 작 《Bridge Over Troubled Water》까지 찾아 들으셨다면 그 앨범의 편곡이 왠지 익숙하고 반갑게 느껴질지도 모르지(돈 세베스키가 프로듀서니까). 아무래도 재즈 하면 어쿠스틱 피아노가 먼저 떠오르지만, 이 앨범으로 일렉트릭 피아노의 매력을 느낀 후 퓨전 재즈를 비롯한 다양한 스타일의 음악을 즐기시게 된다면 참 좋겠다. 첫 곡 ‹Autumn Leaves›의 멜로디가 좋아서 다른 버전을 찾아 듣다가 1958년에 나온 캐넌볼 애덜리(Cannonball Adderley)의 명반 «Somethin' Else»를 만나실 수도 있지. 그 앨범 속에서 쳇 베이커와는 완전히 결이 다른, 무심한 듯 마음을 크게 울리는 트럼펫 소리의 주인공이 바로 마일스 데이비스(Miles Davis)라는 걸 알고 그의 역사적인 앨범들을 발매 순으로 하나씩 들으면서 존 콜트레인(John Coltrane)도 만나고 허비 행콕(Herbie Hancock)도 만나고 '아아 재즈의 매력이 이런 것이구나…' 하는 시간을 보내시게 될까? 하, 정말 기대된다….

그대들은 어떻게 살 것인가

인류 역사상 가장 많이 팔린 앨범은? 정답: 마이클 잭슨(Michael Jackson)의 «Thriller». 많은 사람들이 알고 있는 상식이자 아마도 영원히 깨지지 않을 기록이다. 음반 하나가 7천만 장 팔리는 세상이 다시 올 확률은 낮으니까. 내가 일하는 동안 우리 매장에서 판매한 이 앨범은 바이닐만 해도 네 가지 버전이 있었다. 영원히 깨지지 않을 것 같은 또 하나의 기록, 역사상 가장 많이 팔린 재즈 앨범 마일스 데이비스의 «Kind Of Blue»는 그간 매장에서 다섯 가지 버전의 바이닐을 판매했다.

커버 아트가 같은 엘피 두 장을 한 손에 하나씩 들고 와서 대체 어떤 차이가 있는지 묻는 손님들이 정말 많다. 가장 설명하기 편한 건 그저 디스크의 색상이 다른 경우이다. 예전에는 검은색 하나뿐이었지만 지금은 알록달록 다양한 색깔로 제작이 가능하다. 투명하게 만드는 경우도 많고, 두 개 이상의 색을 써서 불규칙한 무늬도 만들고, 아예 디스크 위에 사진이나 그림을 인쇄하기도 한다. 많은 아티스트들이 자기 앨범의 바이닐을 여러 색깔로 발매해서 선택의 폭을 넓히곤 한다(나도 두 가지로 냈었다). 하지만 색상 차이가 아니라면 설명이 복잡해진다. «Thriller»의 경우 일단 스탠다드 버전이 있고, 25주년 기념 리마스터,

40주년 기념 리마스터, 그리고 '어떤 회사에서 라이선스를 받아 무슨무슨 대단한 기술로 특별히 신경 써서 만든 아주아주 비싼 버전의 바이닐'도 있다. 이런 것들을 하나하나 설명하려면 꽤 긴 시간이 걸린다. 그러나 아무리 내가 정성껏 대답을 해도 손님의 근원적인 고민은 해결되지 않을 때가 많다. 아니 그러니까… 이 중에서 하나를 산다면 무엇을 사야 하냐고!

가끔은 아예 다른 두 장의 음반(같은 앨범의 다른 버전이 아닌)을 들고 와서, 둘 중 어떤 게 더 '소장 가치'가 높은지 내 개인적인 생각을 묻는 손님들도 있다. 오늘은 딱 하나만 사야 하는데 결정이 안 나는 상황이다. 어떤 게 더 자주 들어오는지, 지금 매장에는 어떤 게 더 많이 남아 있는지 묻는 경우도 많다. 나도 음반을 살 때마다 오래 고민하는 사람이라 그 마음 잘 알기에 가능한 한 도움이 될 만한 대답을 하고 싶지만 쉽지 않다. 모든 음반을 뜯어서 비교하며 들어본 것도 아니고, 수요와 공급에 관해서는 음반들마다 상황이 다른 데다 계속 변하기 때문이다. 그렇다면 이 책을 쓴 사람은 음반 한 장을 살 때 어떤 식으로 고민하고 결정할까. 무언가를 선택할 때 중점을 두는 가치는 사람마다 다르다고 생각하지만, 다른 누군가의 사례 속에서 참고할 만한 포인트를 찾을 수도 있겠지. 이 글은 아무래도 좀 길어질 것 같다. 잠시 심호흡을 하고….

어떤 물건이나 서비스를 선택하는 게 어려울 때 어떻게 해야 하는지, 인터넷 강국에서 살아가는 우리들 대부분은 잘 알고 있다. 판매처의 설명보다 더 정확하고 자세한 정보를 찾아 헤맨다. 여기저기 검색을 하고, 블로거와 유튜버들의 리뷰를 보고, 실구매자들의 리뷰도 본다. 한 달 사용 리뷰를 보고, 낮은 평점순으로도 본다. 대가를 받고 쓴 리뷰를 걸러내는 스킬까지 이미 갖춘 나의 자랑스런 동포 여러분께, 알아놓으면 두고두고 좋은 웹사이트부터 하나 소개하려고 한다. 사이트의 이름은 '디스콕스(Discogs)'이고, 기본적으로는 위키피디아처럼 유저들이 공유한 정보로 구축된 거대한 데이터베이스이다. 바이닐, 시디, 카세트테이프뿐 아니라 디지털 음원 파일까지, 이곳에는 지구상에 존재하는 수많은 음반들의 정보가 있다. 공식 음반만 있는 게 아니라 라이선스 없이 복제해서 팔았던, 혹은 무단으로 녹음한 라이브 음원을 담아 팔았던 '부틀렉(Bootleg)'들도 있다. 심지어 홍보용이나 테스트용 음반들도 종종 보인다. 제품 번호와 바코드 등으로 검색하면 생산 연도와 국가, 회사명 등은 물론이고 음반 패키지의 상세 사진들, 안에 적혀 있는 크레딧 텍스트, 가끔은 다른 버전과의 차이점 같은 특이 사항까지도 함께 열람할 수 있다. 궁금한 음반을 검색했을 때 그 정도의 큰 정성을 만나면 너무나도 고맙다.

특정 음반 페이지에서 스크롤을 쭉 내리면, 해당 버전의 음반을 소유하고 있는 유저들이 댓글로 남긴 별점과 리뷰가 있다. 개수가 많지 않더라도 꽤나 유용하다고 생각한다. 내가 느끼기에 이 리뷰들은 대부분 진심이다. 일단 이 사람들은 이 아티스트의 음악을 좋아한다. 어떤 버전의 음반을 사기로 결정했을 때 두근두근 기대감이 있었을 것이다. 기대 이상의 만족을 느껴서 별 다섯 개와 함께 '제발 다들 이거 사!'라고 소리치고 싶어졌거나, 기대했던 만큼 실망도 큰 나머지 다른 이들은 같은 슬픔을 겪지 않기를 바라며 로그인을 한 것이다. 그가 쓴 내용에 동의할 수 없다 해도 그의 진심 어린 마음은 전해진다. 물론 대부분 외국어이지만 터치 두어 번이면 웹페이지 전체가 그럭저럭 읽을 만하게 번역되는 시대이니 큰 어려움은 없다.

그리고 이 사이트 안에서는 음반들의 거래도 이

루어진다. 초록색 'shop now' 버튼을 누르면 페이지가 바뀌어 현재 구매 가능한 매물 목록이 나온다. 각각의 상태가 표시된 중고 음반들도 있고 새것도 있다. 당근마켓처럼 자기가 가진 음반을 파는 개인들도 있고 전문 판매자들도 있다(우리 매장도 해외 구매자들을 위해 이 사이트를 이용한다). 나도 비교적 저렴하게 배송하는 판매자를 열심히 찾아, 꼭 구하고 싶었던 중고 음반을 몇 번 산 적이 있다. 이렇게 성사되는 거래들의 통계를 기반으로 어떤 음반의 최근 시세도 확인이 가능하다. 이쯤에서 경고. 이 사이트는 위험하다. 피지컬 음반을 좋아하는 사람이라면, 어느 정도 익숙해진 후에는 시간 가는 줄 모르게 될 수가 있다. 정신을 차려보면 집에 있는 음반들을 전부 꺼내서, 이게 언제 어디서 어떻게 만들어진 버전이고 다른 사람들은 어떻게 들었으며 요즘은 얼마에 거래되는지 찾아보고 있을지도 모른다. 빠른 검색을 위해 쿠팡에서 바코드 리더기를 사다가 하나하나 찍어보고, 심지어 음반 가게에 갈 때에도 그걸 들고 가는 지경이 될 수도 있다(실제로 그런 사람을 본 적은 없지만 꽤 유용하겠다는 상상은 했다. 요즘은 크기가 작은 무선 리더기도 있으니까…!?).

웹사이트 소개는 이쯤 하고 이제 내 얘기를 해보겠다. 음반을 사게 되는 첫 단계: 일단은 음악을 듣는다. 지금은 인터넷만 연결되면 세상에 존재하는 대부분의 음악을 어떤 식으로든 들어볼 수 있는 세상이다. 그렇게 듣다가 푹 빠져서 정말로 사고 싶다는 마음이 드는 게 먼저다. 물론 안 들어본 음반을 살 때가 더 설레고 쫄깃하지만 그건 여행 중에나 한 번씩 일어나는 이벤트이고 평소에는 그 재미를 아껴둔다. 이건 생필품이야. 건강하게 살면서 오래 즐기려면 아껴서 꼭 필요한 것만 사려고 노력해야 해. 흥분을 가라앉히며 이 음악을 꼭 가져야겠다고 느낄 만큼 좋아하는지 스스로에게 묻는 일은 처음 충동이 일어난 순간부터 구매 직전까지 계속된다. 그리고 이 충동은 보통 바이닐, 시디, 카세트테이프 중 무엇을 갖고 싶은가에 대한 고민과 동시에 일어난다. 그것에 영향을 미치는 건 이 음악이 나에게 불러일으키는 어떤 정서, 사운드의 질감, 그리고 디자인이다. 나는 음반의 상세 사진부터 신중하게 찾아본다. 커버 아트뿐 아니라 알판 혹은 테이프의 디자인도, 부클릿과 전체 패키지의 형태 및 소재 등도 내가 이 음악에서 받은 좋은 느낌과 어울리는지가 대단히 중요하다. 예를 들어 컬러 바이닐이라면 그 색상이 음악뿐 아니라 디스크가운데 붙어 있는 라벨 스티커와도 어울리는지, 그래서 돌아가는 걸 보며 음악을 들을 때 순도 높은 쾌감을 느낄 수 있을지 상상해본다. 옛날 음반의 리이슈라면 내가 아는 오리지널 커버의 느낌을 얼마나 간직하고 있는지, 인쇄된 상태의 색감과 이미지 해상도는 어떤지, 새로 입힌 글씨들이 있다면 폰트가 어색하게 튀지 않는지도 확인한다. 아무리 음악이 좋아도 이런 과정 속에서 구매를 포기할 때가 많다. 아, 그 전에 중요한 것 하나가 빠졌다. 내가 이 음악을 좋아하는 정도에 비해 가격이 지나치게 비싸다고 판단되면 사진도 찾아보지 않는다. 살다 보면 마음이 더 커지기 전에 접는 게 현명할 때가 있다.

마치 1차 서류 심사를 통과하듯 사고 싶다는 마음이 남아 있다면 이제 가장 중요한 것, 과연 이것이 좋은 소리가 나는 잘 만든 음반인지를 본격적으로 파헤친다. 가장 간단한 경우는 이제 막 세상에 나온 새로운 음악을 시디로 사고 싶을 때이다. 시디에는 내가 스트리밍으로 들은 바로 그 마스터 음원이 16-bit/44.1kHz로 고정된 디지털 신호로 담겨 있을 것이고, 그 시디가 내 오디오 환경에서 어떻게 들릴지 상상하는 것은 그리 어렵지 않다. 2024년에 가장 인상적으로 들은 음반 중 하나였던 막달레나 베이(Magdalena Bay)의 «Imaginal Disk»시디는 그렇게 별 고민 없이 내 손에 들어왔다. 이마에 시디가(정확히는 시디처럼 생긴 상상 속 디스크가) 들어가고 있는 커버 이미지처럼 당장 내 이마에도 집어넣고 싶었다. 2025년 초에 듣자마자 팬이 되어버린, R&B 싱어송라이터 호프 탈라(Hope Tala)의 첫 정규 앨범 «Hope Handwritten»도 그랬다. 빨간색 알판이 음악만큼 예뻐 보여서 주저 없이 시디를 샀다. 하지만 바이닐이라면 보통은 그렇게 쉽게 결정하지 못한다. 바이닐 레코드의 품질에는 수많은 변수가 있기 때문이다. 예를 들면, 소리골을 새긴 최초의 판을 코팅하고 도금한 후 그것으로 대량 생산을 위한 틀을 만들기까지의 과정이 얼마나 위생적인지도 중요하다. 그때 먼지가 들어갔다면 아무리 내 판을 닦아 봤자 사라지지 않는 잡음이 존재할 테니까. 완성된 레코드를 하나하나 검수하고 슬리브에 담는 일을 하는 직원들이 그날 얼마나 피곤했는지도 하나의 변수가 될 것이다. 하지만 그 이전에, 마스터링 단계에서 아날로그 매체의 특성을 잘 알고 고려했는지가 무엇보다 중요하다.

잠시 개념을 짚고 가자. 레코딩, 믹싱, 마스터

링. 대부분의 음반들이 이 세 가지 과정을 거쳐 완성된다. 레코딩은 말 그대로 목소리와 악기 등 모든 소리를 녹음하고 선택하는 과정이다. 믹싱은 각각의 소리들이 들리는 위치와 크기, 음색 등을 조절하고 각종 효과를 적용하면서 최대한 조화롭게 하나의 음악으로 합치는 과정을 뜻한다. 레코딩과 믹싱을 마친 음악 속에는 이미 아티스트의 의도가 모두 담겨 있다고 해도 과언이 아니다. 그 의도를 가능한 한 해치지 않으면서, 지금의 음악 소비자들에게 잘 어필할 수 있는 최종적인 소리로 만드는 과정이 바로 마스터링이다. 곡마다 조금씩 다른 음량과 음색을 세심하게 조절해서 하나의 음반 안에서 자연스럽도록, 그리고 그 음반이 세상의 수많은 음악들 속에서 자연스럽게 존재하도록 만든다. 기본적으로 사람의 귀는 음악 소리가 클수록 좋다고 느끼는 성향이 있다. 그래서 일반적으로 마스터링 엔지니어는 소리를 찌그러뜨리지 않는 범위 내에서 좀 더 크고 또렷하게 느껴지도록 만드는 여러 가지 기술을 쓴다.

    아날로그 음반은 디지털 음원에 비해 담을 수 있는 가장 작은 소리와 가장 큰 소리 사이의 범위, 즉 다이내믹 레인지가 좁다. 스트리밍으로 들을 때 소리가 찌그러질락 말락 할 정도로 음량을 한계치까지 키운 마스터 음원을 그대로 쓰면, 바이닐로 듣는 소리는 찌그러질 확률이 높다. 아날로그 음반에 담을 수 있는 가장 낮은 주파수와 가장 높은 주파수 사이의 범위, 즉 프리퀀시 레인지도 디지털 음원의 그것에 비해 좁다. 아주 깊은 저음이 쿵쿵 울리는 음악을 바이닐에 담으면 소리골은 그만큼 더 들쭉날쭉 깊이 파인다. 리듬에 맞추어 자동차가 위아래로 흔들리는 영화 속 장면처럼 내 턴테이블 위의 바늘도 크게 흔들릴 것이고, 너무 심하면 바늘이 다른 데로 튈 가능성이 생긴다. 하지만 이런 제약들 때문에 아날로그가 디지털에 비해 열등하다는 얘기는 아니다. 적어도 나는 그렇게 생각하지 않는다. 이것은 인류의 영원한 논쟁 주제이고, 더 깊이 들어가면 이 책이 소화할 수 있는 프리퀀시 레인지를 넘어가서 당신의 손이 다른 페이지로 튈 것 같다. 다만 한 가지는 분명히 말할 수 있다. 아날로그 매체로 좋은 소리를 내는 법을 잘 아는 엔지니어가 정성껏 마스터링한 음반 한 장이 내 오디오를 통해 큰 기쁨을 전해준다는 사실. 생뚱맞은 얘기지만 내 브라운관 TV로 옛날 게임을 하거나 4대 3 화면 비율로 제작된 옛날 콘서트 영상을 틀면 화면이 얼마나 부드럽고 예쁜지 모른다. 낮은 화질을 보며 향수에 젖는 게 아니라 정말 그 자체로 눈물나게 예쁘다. 물론 내 4K TV로 PS5 게임을 할 때도 좋아서 눈물이 난다. 그냥 다른 것이고, 그런 차이를 소중하게 여기는 사람에게는 그런 차이를 잘 알고 만든 음반이 더 좋을 수밖에 없는 것이다.

바이닐 시장 규모가 커지면서 디지털로 완성한 새 음악을 아날로그 음반에 담는 일이 흔해졌다. 요즘은 대부분의 경우 그것에 최적화된 마스터 음원을 따로 만든다(내 음반도 훌륭한 엔지니어가 그렇게 해주었다). 그렇지 않은 경우 청취 경험이 좋지 않을 가능성이 커지지만, 뜯어서 직접 들어보지 않으면 알 수가 없다. 하지만 추측은 할 수 있다. 잔잔한 포크든 강한 일렉트로니카든 음악 스타일에 상관없이, 스트리밍으로 들을 때 왠지 다른 음악들에 비해 소리가 작게 느껴지거나 유난히 귀가 편안하다면 아날로그 음반의 소리 역시 편안할 확률이 높다. 애초에 디지털 음원 마스터링 자체를 자극적으로 하지 않았다는 뜻이니까. 가끔은 레코딩부터 아날로그 테이프에 옛날 방식으로 한 새 음반이 나오기도 한다. 2024년에 가장 많이 들은 앨범 중 하나인 클레어오(Clairo)의 «Charm»도 그랬다. 스트리밍으로 듣고 소리를 비롯한 이 앨범의 모든 점에 반해서 바이닐이 나오기만을 기다렸다. 어떤 음반의 크레딧에 'Vinyl Mastered by 누구누구'라든지 'Cutting Engineer 누구누구' 같은 글씨가 추가로 적혀 있다면 아날로그 음반의 소리를 위해 꽤나 신경을 썼다고 볼 수 있다. 간판에 사람 이름이 적힌 식당처럼 그 일을 맡은 사람이 자기 이름을 걸었으니까. 자신의 노력이 수포가 되지 않도록 아마 테스트용 음반도 더 신중하게 확인하고, 최종적으로 음반이 만들어질 때까지 긴장의 끈을 놓지 않았을 것이다. 다시 말하지만 모든 게 추측이기 때문에 나는 꼭 함께 찾아본다. 먼저 들은 지구인들이 디스콕스를 비롯한 인터넷 세상에 남긴 내돈내산 리뷰들을….

앞에서 좋은 소리가 나는 음반인지를 알아보기 시작할 때 '이제 막 세상에 나온 새로운 음악'이라는 단서를 붙인 이유는, 예전에 나온 음악의 경우 변수가 훨씬 더 많아지기 때문이다. 한번 만든 음반이 다 팔리고 다시 만드는 과정이 오랜 시간 반복되면서 다양한 역사가 생기고 다양한 버전이 존재하게 된다. 누가 언제 어디서 어떻게 만들었는지에 따라 서로 다른 소리를 낼 가능성이 큰 것이다. 그만큼 더 많이 찾아보고 더 오래 고민하는 수밖에 없다. 일단, 그놈의 리마스터는 왜 자꾸 하는 걸까? 큰 차이도 없는 것 같은데… 하지만 잘 생각해보자. 우리가 누군가를 많이 사랑하면, 앞머리 길이가 미세하게 바뀌어도 크게 느껴진다. 내가 가장 사랑하는 나 자신의 변화는 더 크게 느낀다. 그런 작은 변화가 삶의 새로운 자극이 되고 즐거움이 된다. 팬들에게도 아티스트 본인에게도, 리마스터란 그런 것이다. 앞머리 길이에 정답이 없듯이 마스터링도 그렇다. 그리고 앞머리 길이처럼 마스터링의 기술과 유행도 시대에 따라 조금씩 바뀌어간다.

    스트리밍이 빠른 속도로 대세가 되어가던 시기, 마스터링의 유행은 점점 더 소리를 자극적으로 키우는 방향으로 흘러갔다. 차트에 있는 다른 노래들에 밀리면 안 되니까. 무심코 이 노래를 눌러서 듣기 시작한 사람의 귀를 몇 초 안에 사로잡아야 하니까. 이런 현상을 비판적으로 뜻하는 'Loudness War', 즉 음량 전쟁이라는 말이 자주 보였다. 음악이 본래 가진 다이내믹을 좀 더 그대로 살리자는 자정의 목소리도 커졌다. 요즘은 조금 달라진 것 같다. 고해상도 음원의 스펙을 활용해 소리의 섬세한 결까지 담아내고, 음악 고유의 개성을 자연스럽게 살리는 마스터링이 많아지는 느낌이다. 미디어 이용 경험이 인기 차트보다는 취향에 따라 개인화해가는 것도, 아날로그 음반의 질감이 다시 많은 사람들에게 사랑받고 있는 것도 이런 흐름에 영향을 주었을 것이다. 나는 반갑고 즐겁다. '음량 전쟁의 희생양'으로 일컬어지던 음반이 시간이 지나 좀 더 편안한 소리로 리마스터링되는 일이 많다. 그런 리마스터 음원이 스트리밍으로도 공개된다면 들어보고 직접 판단할 수 있지만, 오직 새로 찍은 피지컬 음반에만 적용되는 경우도 있다. 그럴 때는 역시 내돈내산 리뷰. 디스코그스의 해당 음반 페이지에 별 다섯 개와 함께 이런 찬사가 가득하다면, 나는 산다. "20년을 기다렸습니다. 아티스트님, 엔지니어님, 감사합니다."

엔지니어님 중에는 유명 원조 식당 할머님 같은 사람들도 있다. 이를테면 버니 그룬트만(Bernie Grundman)이나 케빈 그레이(Kevin Gray) 같은. 이런 사람들의 이름이 들어가 있는 음반은 경험상 더 믿고 기대하게 된다. 믿고 듣는 리이슈 시리즈들도 있다. 예를 들어 유서 깊은 재즈 레이블 '블루 노트(Blue Note)'에서 만드는 'Classic Vinyl Series'는 전부 오리지널 아날로그 테이프를 가지고 케빈 그레이가 마스터링한다. 이 시리즈의 이름으로 블루 노트의 수많은 명반들이 하나둘 계속 나오고 있는데, 대부분 3만 원대이고 소리는 정말 좋다. 네덜란드의 음반 레이블 '뮤직 온 바이닐(Music On Vinyl)'은 이름 그대로 예전 음반들의 라이선스를 받아 바이닐로 만드는 일을 전문으로 하는 회사 중 하나이다. 자체 생산 시설을 가지고 있고, 팝, 록, 재즈, 소울, 힙합 등 장르를 가리지 않고 사람들이 반가워할 음반들을 잘도 고른다. 오리지널 아날로그 소스로 만드는 경우는 드문 것 같지만 적어도 나는 결과물에 실망한 적이 없다. 음반 패키지도 오리지널에 충실한 편이고 가격도 늘 적당하다. 내가 좋아하는 이런 시리즈들은, 시간이 흐를수록 점점 더 좋아지는 느낌이다. 품질 관리 등의 노하우가 계속 쌓이는 것 아닐까. 분명 똑같은 마스터 음원을 사용한 같은 시리즈의 같은 앨범인데도, 최근 다시 생산된 음반의 전반적인 상태가 더 좋다고 느낀 경우가 몇 번 있었다(매장 어딘가에 박혀 있던 사장님 것과 새로 산 내 것을 비교했을 때). 앞으로 더 좋은 리이슈 음반들이 여기저기에서 계속 만들어지겠지. 참으로 행복한 시절을 살고 있다.

음반을 살 때 내가 고려하는 요소들은 그 밖에도 정말 많다. 한참을 길게 썼다가 너무 길어지는 듯해 지운 이야기도 많다. 하지만 슬슬, 조금 다른 이야기도 해야 할 것 같다. 그렇게 고민하며 이것저것 따져보고 산 결과가 모두 만족스럽지는 않았다는 이야기. 리뷰를 보고 기대한 것과 실제 내 감상이 다른 리마스터도 있었다. 그날 공장에서 큰 싸움이 있었나 싶을 정도로 불량한 퀄리티의 음반도 있었고, 들어보고 그다지 좋아하지 않게 된 리이슈 시리즈도 있었다. 비싸지만 고민하다가 샀는데 곧 훨씬 마음에 드는 사양의 다른 버전이 더 저렴한 가격에 나오기도 했다. 하지만 막상 그런 일이 생겨도 돈을 날렸다는 생각이 들지는 않았다. 신기하게도 음반에 대해서만큼은 늘 그랬다. 오래 고민했던 게 무색하게, 아쉬우면 아쉬운 대로 그냥 잘 들었다.

카세트테이프 이야기가 너무 없었는데, 사실상 테이프는 거의 복불복이기 때문이다. 판매량이 많지 않기에 내돈내산 리뷰를 찾기도 어렵다('디스콕스에 한국어 리뷰 남기기 운동 본부'가 있다는 사실을 아는가? 내가 지금 만들었다). 그래도 카세트테이프는 '아, 이 앨범은 왠지 테이프로 듣고 싶다' 또는 '아, 이 테이프 너무 예쁘다' 등의 마음이 항상 이긴다. 그렇게 샀다가 소리가 너무 안 좋아서, 그냥 그 위에 내가 스트리밍 음원을 다시 녹음한 경우도 있다. 그것도 나에게는 기대 이상으로 퀄리티가 좋았던 테이프만큼 소중하다. 어떤 음악이 처음 나온 후 오랜 시간이 지나면 아티스트나 회사의 권리가 보호되지 않는, 즉 '퍼블릭 도메인(public domain)' 상태가 된다. 그런 음반들을 아무렇게나 다시 만들어 약간 싸게 파는 회사들이 있다(특히 유럽 음반사들이 많고, 우리 매장에서는 취급하지 않는다). 예전에 유럽 여행을 갔다가 그런 회사에서 나온 재즈 엘피들을 멋모르고 두어 장 사 온 적이 있다. 커버 디자인도 어딘가 어색하고 어떤 음원 소스를 가지고 만들었는지도 알 길이 없지만, 내가 오랫동안 사랑했던 사람과의 추억이 담겨 있다. 나에게는 이것들도 유명 엔지니어가 마스터링한 고급 사양의 재즈 음반들만큼 소중하다.

조금 낯뜨거운 비유이지만, 어린 왕자의 장미꽃 같은 게 아닐까 생각한다. 여우의 말대로 그 꽃이 소중한 이유는 내가 시간을 바쳤기 때문이다. 김춘수 시인의 꽃 같기도 하다. 내가 이름을 부르자 나에게로 와서 꽃이 된 음반들. 이름을 부를까 말까 고민했던 마음, 부르기로 결정한 순간의 마음, 그리고 그 안에 담긴 음악을 좋아하는 최초의 마음은 언제나 그대로 남아 있다. 그나저나 위 작품들 속의 꽃은 한 송이인데 우리 집에는 꽃이 너무 많다. 같은 음반을 여러 버전으로 가지고 있는 경우도 많다. 처음에 언급한 마이클 잭슨의 《Thriller》도 그렇다. 오래된 한국

라이선스 엘피는 소리도 커버도 그만큼 낡아서 정취가 있다. 25주년 기념 시디+디비디 패키지는 번쩍이는 금박을 두른 커버와 부클릿의 사진들이 멋지고 소리는 2000년대 리마스터답게 빵빵해서 신난다. 입사 1주년 기념으로 사장님이 선물해준 '아주아주 비싼 버전'의 엘피는 그걸 만든 회사의 로고가 크게 적힌 커버가 얄밉지만, 소리는 정말 자연스럽고 좋다. 셋 다 똑같이 소중하다. 더 많은 버전을 가지고 있는 음반들도 많다. 수십 년 동안 나를 기쁘게 하는 어떤 음악에, 몇 년에 한 번씩 몇만 원을 쓰는 게 아깝다는 생각은 들지 않는다. 작품 속 한 송이 꽃은 역시 어색한 비유였지만, 어렸을 적 조그맣던 화원이 점점 커져가는 기분도 나쁘지 않다.

그냥 나는 이런 사람이다. 음반을 이렇게 사고, 인생을 이렇게 산다. 아날로그라는 단어를 참 좋아하지만, 나의 '소장 가치'는 디지털로 표현할 수 있겠다. 1 또는 0, 내 것 또는 내 것이 아닌 것. 유용한 음반 구매 팁을 잔뜩 줄 것처럼 시작했지만, 결국 내가 하고 싶은 말은 정답이 없다는 이야기인 것 같다. 하나의 예술이 탄생하는 모든 과정이 그렇듯, 예술을 향유하는 과정도 마찬가지라고 생각한다. 이 글의 제목이 의

문문인 것은 바로 그런 이유이다. 제목을 마음대로 갖다 써서 죄송합니다, 미야자키 하야오 선생님.

음반을 주고받는다는 것

가끔 매장 손님이 부러울 때가 있다. 바이닐 백만 원어치를 한 번에 사 가는 멋진 손님? 물론 존경스럽고 친해져서 따라다니는 상상도 하지만 솔직히 부럽지는 않다. 나는 고민 끝에 한 장 사서 듣고 또 듣는 걸 여전히 더 좋아하니까. 내가 부럽다고 느끼는 건, 누군가에게 선물하기 위해 음반을 사는 손님의 모습이다.

지금도 음반이 최고의 선물이라고 생각한다. 같은 책을 여러 번 반복해서 읽는 경우는 드물지만, 좋아하는 음악은 몇 년이고 몇십 년이고 계속 듣는다. 들으면서 많은 일을 하고 많은 생각을 하고 많은 존재들을 만나 많은 것들을 나눈다. 그렇게 음악 안에 추억이 겹겹이 쌓인다. 갑자기 어디선가 들려오면 자동으로 아- 하는 탄성과 함께 하나하나 들춰보며 감상에 젖는다. 만약 그 음악을 물건으로 가지고 있고, 오랜 시간 그 물건을 통해 들었으며, 그게 누군가가 준 선물이었다면? 그동안 쌓인 모든 추억들은 그가 준 선물 상자 안에 있는 셈이다. 나는 평생 그 음악과 그 사람을 분리할 수 없다. 음반을 선물로 주고받는다는 것은, 적어도 나에게는 그런 의미이다.

하지만 이 거창한 의미 부여가 말이 되려면 반드시 하나의 조건이 충족되어야 한다. 받는 사람이 그것을 원하는가!? 스마트폰을 통해 전해지는 소리와 화면 속 작은 이미지로 충분한 시대에, 굳이 커다란 물건을 집에 두고 싶어 하겠냐는 말이다. 그것이 바로 내가 손님을 부러워하는 이유이다. 누군가에게 피지컬 음반을 선물하기로 결정했다는 건, 그것을 받고 기뻐할 거라는 기대가 있다는 뜻이다. 그 기대가 확신에 가깝다는 것이 목소리와 표정에 드러날 때, 나는 진심으로 그 손님이 부럽다.

    손님의 부탁으로 같이 선물을 고를 때가 종종 있다. 이 추천은 하나도 긴장되거나 부담스럽지가 않다. 손님과 이야기를 나누며 가장 적당한 선물을 찾는 일은 그저 즐겁고 설렌다(혼자서는 막막한 수수께끼도 같이 풀면 재미있는 법!). 부모님, 친구, 선생님, 연인, 그렇게 설명하진 않았지만 연인이 되고 싶은 사람. 그 사람이 평소에 어떤 음악을 좋아하는지, 어떨 때 이 음반을 듣길 원하는지, 어떤 기분을 느끼게 하고 싶은지 등을 묻는다. 몇 곡의 노래들을 같이 듣다가 손님의 눈이 커지며 '아, 이거예요!'라고 외칠 때, 나는 그가 선물을 전하는 순간의 얼굴을 미리 보는 듯한 기분을 느낀다. 이건 분명 특권이다. 후일담도 궁금하지만 지나친 욕심이겠지.

    가끔은 그 순간을 실시간으로 보기도 한다. 신

용카드를 받아 결제하고 음반을 봉투에 담는 동안, 둘 혹은 그 이상의 무리가 새어 나오는 웃음을 참으며 서 있을 때가 있다. 감사 인사를 나누며 카드 명의자에게 음반이 담긴 봉투를 건네면, 그는 곧바로 다른 한 명에게 건네주며 또 다른 인사를 나눈다. "축하해!", "고마워!" 새어 나오던 웃음이 한여름 공원 분수처럼 찬란하게 터진다. 나 또한 웃음을 참기가 힘들다. 참느니 그냥 말하고 만다. "저도 축하드립니다." 생일인지 합격인지 퇴사인지 알 수 없지만, 그는 앞으로 이 음반에 수록된 곡들을 들을 때마다 지금 이 순간을 떠올리게 될 것이다. 나는 그 모든 시간들에 축복을 건넨다.

갑자기 1990년대 후반으로 간다. 그때 고등학생이던 우리들 사이에서는 '시스템 다이어리'라는 것이 유행이었다. 같은 규격으로 구멍이 나 있는 다양한 용도와 디자인의 속지를 원하는 구성으로 끼워 쓰는 물건이다(마치 스마트폰에 원하는 어플과 위젯을 깔아서 쓰듯). 지금도 존재하긴 하지만 그때는 말 그대로 반 친구들 모두가 가지고 있었다. 자기가 가진 속지 한 장을 다양한 필기구로 예쁘게 채워서 주고받는 것 또한 대유행이었다. 물론 남자애들끼리도. 공부를 제외한 모든 게 재미있었으니까. 아무튼 내 다이어리 안에는 친구들이 적어준 알록달록한 편지들, 스티커 사진을 잔뜩 붙인 얇은 플라스틱 속지 등과 함께 '디스크 플랜'이라는 특별한 섹션도 있었다. 제목은 당시에 즐겨 보던 잡지 『핫뮤직』 속에서 따왔다. 원래는 곧 발매될 음반들을 짧게 소개하는 코너명이었지만, 내 다이어리 안에서는 그냥 갖고 싶은 시디 목록이었다. 그것은 계속 늘어났고 돈은 계속 부족했다. 우선순위도 계속 바뀌기 때문에 자주 다시 적어야 했다.

어느 해의 생일에는 친한 친구들 몇이서 작전을 짰다. 한 명이(평수였니?) 몰래 내 다이어리를 열어 디스크 플랜을 보고, 자기들끼리 모은 돈으로 시디 몇 장을 구입했다. 그리고 굴비처럼 줄줄이 엮어서 나에게 주었다. 스카치테이프로 이어 붙인 조악한 형태였다. 눈 앞에서 촤르르르르 펼쳐지게 만들고 싶었겠지만 모아 봤자 십대들 용돈이었기 때문에 촤르… 정도로 끝났다. 그날 이후 지금까지, 기억에 남는 선물이 뭐냐는 질문을 받으면 무조건 그 허접한 시디 굴비 묶음부터 떠오른다. 오지 오스본(Ozzy Osbourne)의 시디 두 장짜리 라이브 앨범도 있었고, 수입 시디였던 딥 퍼플(Deep Purple)의 《Machine Head》도 있었다. 가격이 비싸서, 힙하지 않아서, 언제나 우선순위에서 밀리던 음반들. 나름 심사숙고해서 그런 것들만 골랐다고 한 명이(평수였지?) 생색을 냈다. 맞아, 딥 퍼플이 만 칠천 원이고 라디오헤드(Radiohead)가 만 사천 원이면 90년대의 고등학생은 보통 후자를 택했으니까.

한 번에 여러 장의 새 시디가 생긴다는 것은 우주가 뒤집히는 일이었다. 게다가 늘 마음속에 아련했던 음반들. 친구들은 그날 내가 얼마나 기뻤는지 모를 것이다. 송년회 때 이야기하면 태반은 기억도 못하겠지. 친구들과 나는 아저씨가 되었고, 그때 아저씨였던 오지 오스본과 이언 길런(Ian Gillan, 딥 퍼플의 보컬리스트)은 할아버지가 되었다. 그사이 세상에 무슨 일이 있었든 그 시디들은 여전히 내 방에 있다. 오랜만에 홈집이 잔뜩 난 주얼 케이스를 열고 디스크를 꺼내 플레이어의 트레이에 올린다. 01 00:00. 흑백 액정 화면의 숫자가 바뀌기 시작하고, 소리를 지르며 스카치테이프를 마구 뜯던 그날의 고등학생과 지금의 내가 정확히 똑같은 인간임을 확인한다.

그로부터 몇 년이 지난 2001년 1월. 그즈음에 나온 비틀즈(The Beatles)의 «1» 엘피를 생일 선물로 받았다. 영국과 미국에서 1위를 차지한 노래들만 모은, 지금까지 수천만 장이 팔린 유명한 베스트 앨범이다. 하지만 빨간 커버 위의 노란 숫자 '1'이 나에게는 다른 의미로 읽힌다. 그때 내가 가진 엘피들은, 공짜로 받았든 떨이로 샀든 이전 주인이 듣다가 떠나보낸 것들뿐이었다. 해외의 공장에서 새로 만들어져 압축 비닐에 포장된 것을 받아 드는 경험은, 나에게는 이 앨범이 처음이었다. 숫자 1, 내가 첫 번째 주인인 첫 번째 바이닐 레코드. 그리고 첫 번째 연애. 그 음반을 선물해준 사람은 지금도 내 방 안에 크고 선명한 숫자 1로 존재한다. 추억은 흐릿해졌어도 소중했던 마음은 선명하다. <Love Me Do>부터 <The Long And Winding Road>까지, 그 옛날 비틀즈가 1등을 했던 모든 노래들이 언제나 반짝이는 것처럼.

이 책을 쓰기 시작한 후, 내 음반들을 죽 둘러보다가 하나씩 꺼내 듣는 시간이 많아졌다. 마감을 앞둔 입장에서 대단히 위험하다. 글을 쓰려다 말고 자꾸 술을 한 잔씩 하게 된다. 첫사랑이 공테이프에 녹음해서 준 것들까지 나는 모두 가지고 있으니까. 반면에 내가 한 선물들은 주고 나면 다시 볼 수가 없기에 기억에서 많이 지워진 것 같다. 그중에는 버려진 것들도 있겠지, 다들 나 같지는 않으니까. 어쨌든 오늘의 나는 소망한다. 새로운 좋은 추억들이 내가 준 선물 상자 안에 많이 생겨났기를. 어떤 음악을 들을 때 내가 떠오른다면, 부디 좋은 기억 위주이기를. 선물 포장용 종이봉투를 마련하자는 나의 건의를 언젠가는 사장님이 받아들여주기를.

Interlude
최근에 한 음반 선물

앞의 글을 쓰고 얼마 지나지 않아, 나에게도 오랜만에 음반을 선물할 기회가 생겼다. 친구 W와 그의 친구 Y와 B. 그렇게 세 사람의 크리스마스 파티에 내가 꼈다. 이전에 한 번 만났고 다시 만나면 반가울 사이가 됐지만 아직 내가 잘 모르는 두 사람. 집에 턴테이블이 있는지도 알 수 없었다. 그래도 신중하게 엘피를 한 장썩 골라 퇴근길에 가져가서 선물하고 싶었다. 크리스마스 홈 파티니까! 그런 이름의 이벤트가 대체 얼마 만인지….

괜히 짐만 될 것 같으면 진짜로 안 받으셔도 된다고, 미개봉 시 일주일 내에는 환불 가능하기 때문에 내가 내일 출근해서 바로 취소하면 된다고 밑밥을 깔며 음반들을 꺼냈다. 한의사인 Y는 다양한 취미를 즐기고 호기심이 많으며, 나에게는 생소한 악기를 오래 연마해서 수준급으로 연주하기도 했다. 나는 도로시 애슈비(Dorothy Ashby)의 1970년 작 《The Rubáiyát Of Dorothy Ashby》를 선물했다. 도로시 애슈비는 미국의 재즈 하프 연주자였는데, 이 앨범에서는 고토(가야금과 비슷한 일본의 전통 악기)도 연주했고 직접 노래도 불렀다. 커다란 카펫 위에 앉아 고토를 연주하는 커버 사진도, 서정적이었다가 펑키했다가 영적인 분위기도 내며 다채롭게 펼쳐지는 음악도 Y라면 분명 좋아할 것 같았다.

그날의 호스트였던 B는 직장인이면서 밴드 명의로 앨범을 낸 적이 있는 기타리스트이기도 하다. 그의 음악 취향을 전혀 몰랐지만 기타 치는 사람이 지미 헨드릭스를 싫어할 가능성은 낮다고 생각했다. 매년 전 세계의 수많은 음반 매장에서 동시에 펼쳐지는 '레코드 스토어 데이(Record Store Day, 줄여서 RSD)'라는 행사가 있다. 보통 4월에 한 번, 블랙프라이데이 즈음에 또 한 번 열리는데, '2024 RSD 블프 한정반'으로 나온 바이닐이 마침 재고가 있었다. 이미 몇 년 전에 발매된 다섯 시간짜리 라이브 앨범 《Songs For Groovy Children: The Fillmore East Concerts》 중에서 하이라이트라고 할 만한 몇 곡을 골라 한 장의 바이닐에 담은 것이다. 음악만큼이나 사이키델릭한, 파란색과 보라색이 섞인 디스크가 상당히 멋졌다. 두 사람 모두 내 예상보다 훨씬 더 마음에 들어 했다. 둘 다 턴테이블은 없었지만 언젠가 꼭 살 거라며 아이처럼 기뻐했다. 나도 기뻤다. 내 말이 맞지, 역시 음반 선물은 최고야.

평소에 바이닐로 음악을 즐겨 듣는 W에게는 프랑수아즈 아르디(Françoise Hardy)의 열네 번째 앨범 《Message Personnel》을 선물했다. 그는 다음 날 집에서 음반을 쭉 듣다가 마지막 곡이자 타이틀 트랙인 〈Message Personnel〉이 나오는 순간 깜짝 놀랐다. 제목을 잘 몰랐는데 예전부터 좋아했던 노래라며, 그 곡이 담긴 음반을 갖게 된 것을 몹시 기뻐했다. 그 노래의 가사는 애절하고 로맨틱하다. 전화 통화가 끝난 후 혼잣말로 보내는 메세지. 먼저 사랑을 말하기는 두렵다고, 삶이 힘들 때 그저 나를 생각해달라고, 그리고 나를 사랑한다는 생각이 들면 주저 말고 달려오라고.

W와의 마지막 통화가 끝난 지도 시간이 꽤 흘렀다. Y와 B가 선물받은 음반을 실제로 들었는지, 음

악이 마음에 들었는지 아직 모른다. 언젠가 편하게 묻고 알게 될 수도, 영원히 모를 수도 있다. 나이가 들수록 더 잘 알게 되는 건 삶이 어떻게 흘러갈지 모른다는 사실뿐인 것 같다. 어떻게 흐르든 너무나도 즐거웠던 그 크리스마스를 나는 잊지 못할 것이다. 이 음악들을 들을 때마다 떠오를 테니까. 결국 이것도 내가 선물을 받은 이야기인 셈이다.

한 사람을 위한 마스터링

힙합 신에서는 정규 앨범과 별도로 조금 가볍게 만든 작업물을 모아서 공개할 때 '믹스테이프(mixtape)'라는 말을 붙인다. 지금은 대부분 인터넷상에 음원을 올리지만 처음에는 카세트테이프로 존재했기에 그렇게 불렀을 것이다. 카세트테이프는 누구든지 가장 손쉽게 무언가를 녹음하고 복제할 수 있는 매체였다. 자기 작업물이 아니라 그냥 좋아하는 남의 노래들을 모아서 테이프에 녹음한 것도 원래는 믹스테이프라고 불렀는데, 그런 의미의 믹스테이프를 나는 어린 시절부터 광적으로 좋아했다.

1980년대 우리 나라의 일부 음반 가게들은 공테이프에 최신 가요 여러 곡을 녹음해서 파는 위법 행위를 공공연히 저질렀다. 아무나 리어카에 불법 복제 음반들을 잔뜩 싣고 다니며 팔던 시절이었으니, 정식 음반 가게 사장님들도 그 정도는 어쩔 수 없었다고 항변할지 모르겠다. 음악 저작권자가 된 지금 생각하면 아찔하지만 어쨌든 우리 엄마도 그런 걸 산 적이 있다. 아이들 사이에서 잠깐 유행하는 노래들을 정품 테이프로 사주기에는 형편상 부담스러웠을 것이다. 어떤 가게에 가면 요즘 유행가들이 잔뜩 들어 있는 테이프를 리어카보다 싸게 판다더라. 무슨무슨 노래들을 부탁하면 넣어서 만들어준다더라. 그런 입소문이 돌더니 어느 날 우리 집에도 김흥국의 〈호랑나비〉와 박남정의 〈널 그리며〉가 들어 있는 테이프가 생겼다. 나는 기쁜 마음으로 그것을 틀어놓고 신나게 춤을 추었다. 공테이프 하나 값을 들여 만든 그 명곡 모음집에는 당시 최고의 디바들이었던 양수경, 민해경, 김완선의 노래도 담겨 있었다. 게다가 모르는 가수의 노래들, 이를테면 김현식의 〈비처럼 음악처럼〉, 이승환의 〈기다린 날도 지워질 날도〉도 있었다. 이 슬프고도 아름다운 노래들의 주인공은 대체 누구지. TV에서는 본 적이 없는데.

새로 생긴 궁금증의 답은 라디오에 있었다. 나는 공테이프를 사서 라디오에서 나오는 세상의 수많은 아름다운 노래들을 직접 녹음하기 시작했다. 어쩌면 내 또래나 조금 더 나이 든 사람들은 비슷한 기억이 있을 것이다. 디제이의 멘트가 노래의 전주와 후주에 섞이지 않기를, 광고 때문에 노래가 일찍 끝나지 않기를, 노래가 생각보다 길어서 남아 있는 공테이프의 수록 시간을 넘겨버리지 않기를 얼마나 간절히 바랐는지. 그렇게 여러 곡이 쌓여 한 개의 테이프가 무사히 완성되면 얼마나 뿌듯했는지. 언제든 그 노래들을 들을 수 있다는 것도 좋았지만, 두근거리는 마음으로 테이프를 만드는 과정 자체도 즐거웠다. 푼

돈이라도 더 벌기 위해 열심히 더블 데크를 돌렸을 어느 음반 가게 사장님은 의도치 않게 한 명의 어린이에게 지대한 영향을 끼친 셈이다.

아빠가 사다 준 소니 시디피를 JVC 미니 오디오에 연결해 들으면서, 이 시스템 안에서 시디의 음악을 꽤 좋은 퀄리티로 공테이프에 녹음할 수 있다는 걸 알았다. 나는 몇 장 없는 시디들을 가지고 믹스테이프를 만들곤 했다. 가끔은 친구들에게 주었고, 그러다 보니 요청이 들어왔다. 세심하게 앞뒤 여백을 계산하고 볼륨도 잘 맞추어 녹음하고, 트랙리스트도 정성껏 적어서 건네주었다. 기쁜 마음으로 한 일이지만 이 정도 수고라면 공테이프 값보다 조금 더 받아도 되겠다고 생각했다. 그러던 어느 날, 그렇게 몇백 원 더 벌어온 걸 엄마한테 들켰다. 6학년 때였고 나에게는 반에서 유일하게 뉴 키즈 온 더 블록(New Kids On The Block)의 《No More Games: The Remix Album》이 시디로 있었다. 그걸 중심으로 만든 믹스테이프를 팔고 학교에서 돌아왔을 때, 엄마는 거실에서 김장을 하고 있었다. 오는 길에 뭘 먹었다고 얘기하자 무슨 돈으로 사 먹었냐는 예리한 질문이 날아왔고, 얼버무리다가 어설픈 거짓말을 하게 된 것이다.

엄마는 거짓말만큼은 결코 용서하지 않았다. 구둣주걱(당시 우리 집 공식 훈육 도구) 갖고 와. 친구와 금전 거래를 했다는 것이 부차적인 이유였다. 그때 그렇게까지 혼나지 않았으면 사업 마인드를 키워서 지금쯤 점원이 아니라 사장이 되었을지도 모르는데… 는 농담이고 아무튼 나에게는 아주 강렬한 빨간 기억으로 남아 있다. 커다랗고 빨간 고무대야와 빨간 고무장갑과 빨간 김치와 빨갛고 긴 구둣주걱. 엄마 얼굴도 빨개졌고 내 얼굴도 그랬을 것이다. 그나저나 음반을 무단으로 복제해서 판매하는 행위가 불법이라는 이유로 혼나지는 않았다. 하긴 엄마 자신도 몇 년 전에는 그런 걸 샀으니까….

팔지는 않았지만 그 이후에도 계속 믹스테이프를 만들었다. 좋아하는 사람이 생기면 꼭 만들어서 선물했다. 그 아이가 좋아하는 노래, 내가 좋아하는 노래, 그 아이를 보면 생각나는 노래들을 적절히 섞었다. 물론 받기도 했다. 세상 어떤 선물보다도 그것을 주고받는 게 좋았다. 믹스테이프 선물에는 받는 사람을 떠올리며 음악을 들은 시간이 고스란히 담겨 있다. 90분짜리 테이프를 꽉 채워 녹음하려면 90분 동안 나도 그 음악을 들어야 한다. 중간에 뭔가 잘못되면, 예를 들어 녹음 중에 시디가 튀거나 테이프가 씹히거나 하면 멈추고 뒤로 감아서 그 곡의 녹음을 다시 시작해야 한다. 슬렁슬렁 문제집을 넘기며 앉아 있지만 정신의 대부분은 테이프에 가 있다. 내가 들으려고 만들 때도 그런데 좋아하는 누군가를 위한 선물이라면… 이때는 문제집을 볼 수도 없다. 완성된 90분짜리 테이프를 쭉 들으면, 살짝 조마조마한 마음으로 그것을 만들던 90분 동안의 설렘이 고스란히 다시 떠오른다. 반대로 내가 선물 받은 테이프를 들을 때는 그 아이의 그 시간을 상상하게 되는 것이다. 거기 들어 있는 모든 노래들이 나에게는 평생 나를 향한 그 아이의 노래가 되는 것은 물론이다.

대학생이 되고 모두가 시디를 '굽는' 시대가 왔다. 좋아하는 노래들을 공시디에 구워서 듣고 서로 주고받고 동아리방에 비치하기도 했다. 시간도 몇 배 빨라졌고 한결 편리했지만 재미는 덜했다. 실시간으로 음악을 들으면서 만드는 게 아니었으니까. 사실 이때 내가 더 재미있어하고 늘 가방에 넣고 다니던 것은 전혀 다른 물건이었다. 지금부터 할 '엠디(MD)' 이야기를 알고 반가워할 사람들이 과연 얼마나 될까. 공연장에서 파는 가수의 상품 같은 것을 뜻하는, 영단어 '머천다이스(merchandise)'의 한국식 줄임말이 아니다. 엠피스리에 밀려 자취를 감추기 전까지 짧은 인기를 누린 비운의 매체, '미니디스크(MiniDisc)'의 줄임말이다. 기본적으로 시디처럼 디지털 정보를 담고 있는 광학 매체인데(정확히 말하면 '광자기' 디스크—방식이 조금 다르다), 이름처럼 사이즈가 훨씬 더 작고 귀엽다. 그리고 시디와는 달리 얇고 네모난 플라스틱 케이스가 디스크를 한 번 감싸고 있다. 이 포맷으로 한때 몇몇 음반이 출시되기도 했지만 대부분 공엠디의 형태로 존재한다. 빨간 불빛이 나오는 시디 플레이어의 광출력 단자에 광케이블을 꽂고 반대쪽을 엠디 레코더에 연결한 후 시디를 재생하면, 트랙 구분을 포함한 시디의 모든 정보가 그대로 공엠디에 기록된다. 분명 디지털 방식인데, 실시간 녹음인 것이다! 음질은 시디와 거의 같으면서 기기는 카세트 워크맨보다 작고 가볍고, 시디피처럼 튀지도 않는다. 디스크 이름과 노래 제목 등 간단한 텍스트 정보를 직접 넣을 수도 있고, 트랙을 옮기고 나누고 합치는 등의 편집도 자유롭게 가능하다. 디스크 한 장을 끝없이 지우고 다시 녹음해도 음질이 열화하거나 물리적으로 닳지 않는다. 외형과 쓰임새는 카세트테이프의 감성이면서 디지털의 이점을 잔뜩 가진 꿈의 매체. 아까부터 문장이 현재형인 이유는, 조금 쑥스럽지만 지금도 내가 잘 쓰고 있기 때문이다.

    앞서 말했듯이 과거의 영광은 잠깐이었다. 한때 일본에서는 약간의 돈과 공엠디를 넣으면 원하는 음악을 녹음해 갈 수 있는 자판기가 여기저기서 눈에 띌 정도였다고 한다(실제로 본 적은 없지만 대학교 때 일본 여행을 다녀온 친구가 그렇게 녹음해서 준 하마사키 아유미(Ayumi Hamasaki)의 앨범이 지금도 집에 있다). 몇 개의 기기를 거치며 나는 그 시기의 영광을 최대한 즐겁게 누렸다. 에펠탑 앞에서 하늘을 올려다보며 윤상의 <우연히 파리에서>와 조규찬의 <서울하늘>을 듣던 기억, 그 순간의 모든 감각이 지금도 생생하다. 그 순간을 꿈꾸며 여행 전에 디스크를 만들던 기억도. 생명 연장을 위한 여러 가지 기술 혁신이 2000년대 중반까지 이어졌지만 결국은 사장되었고 나도 그즈음 놔주었던 것 같다. 그러다 세월이 흘러 코로나 블루가 한창이던 어느 날, 집 안에 있는 안 쓰는 물건들을 처분하려고 다시 꺼냈다. 얼마에 팔릴지 알아보려고 검색을 했다가 여전히 이걸 쓰는 사람들이 있다는 걸 알았다. 인터넷 카페에서 대부분 나 같은 아저씨로 보이는 사람들이 정답게 이야기를 나누고 있었다. 서양의 엠디 마니아들 중에는 직접 소프트웨어를 만들어서 비슷한 이들에게 다양한 편의성을 제공하는 경지에 이른 사람들도 있었다. 나처럼 코로나 때 집에서 잠자는 물건을 쏟아낸 사람들이 많은지, 그 시절 명기들이 중고 시장에서 헐값에 팔리고 있었다. 대학교 합창단 동기 성욱이는 갑자기 우리 1학년 때 공연 실황이 녹음된 엠디를 깨끗한 소니 MZ-R55(미니디스크 레코더 모델명)와 함께 나에게 맡기고 갔다. 나는 이래저래 다시 뜨거워졌다. 버리려던 물건들이 몇 배로 늘어나 어느새 집에 휴대기기 여러 개와 엠디 데크가 생겼고, 음악 작업을 위한 장비들을 적극 활용해서 고해상도 음원을 최적의 방식으로 디스크에 담으려 애썼고, 최대한 예쁘게 라벨을 인쇄해 붙이려고 다양한 용지를 테스트해보며 안간힘을 쓰고 있었다.

경제적, 심리적 이유로 음반 구매가 줄었던 코로나 시기, 나는 이것으로 갈증을 달랬다. 시간과 노력을 들여서 원하는 모습으로 완성한 음반 한 장이 주는 기쁨이 무척 컸다. 소리도 외형도 메커니즘도 서로 다른 기기들을 번갈아 써서 들어보는 즐거움 또한 굉장했다. 미니디스크 카페에 들어가면 '오늘 출근하면서 오랜만에 AIWA F-70을 들고 나왔습니다. 어젯

밤에 이걸로 실시간 광녹음한 카펜터스(Carpenters)의 노래가 지금 날씨와 잘 어울리네요' 같은 글이 사진과 함께 올라온다. 그러면 사람들이 좋아요를 누르고 '아, 예전에 저 기종 오래 썼는데, 특유의 음색이 그립네요. 관리를 정말 잘하셨군요. 그나저나 저도 오랜만에 카펜터스 들어야겠어요' 같은 훈훈한 댓글이 달린다. 이 사람들도 아마 같을 거라 생각하는데, 나에게 미니디스크는 '궁극의 믹스테이프 경험'이다. 이 물건이 세상에서 사라진 이유는 결국 불편해서였다. 여러 가지를 직접 할 수 있다는 점이 대단하지만, 여러 가지를 직접 해야 한다는 점이 불편한 것이다. 스마트폰 화면을 몇 번 문지르면 90분이 아니라 900분짜리 플레이리스트도 금세 만들어지는 지금, 굳이 긴 시간을 들여 음악을 어딘가에 녹음해서 듣는 행위는 불편함을 넘어 미련해 보일지도 모른다.

    나는 다시 이 책의 첫 글 제목으로 돌아간다. '이 음악은 당신의 것입니다.' 누군가가 만든 음악이 좋아서, 조금이라도 더 내 것으로 만들고 싶은 마음. 내 것이 되는 기분을 조금이라도 더 느끼기 위해 겪는 불편이라면 그마저도 즐거워지는 마음. 라디오 속 노래들을 녹음하는 초등학생도, 좋아하는 아이에게 보낼 노래들을 골라 녹음하는 고등학생도, 원하는 오디오 환경을 구현하기 위해 특정 매체에 특정 방식으로 음악을 녹음하는 아저씨도, 결국 그것을 가질 단 한 사람만을 위한 최종 마스터링을 하고 있는 게 아닐까.

고등학교 때 함께 음악을 듣던, 나에게 카운팅 크로우즈(Counting Crows)를 알려준 무한이를 오랜만에 만났다. 착하고 순수하면서 약간 또라이 같은 면도 있던 그 친구는, 직접 그린 기괴한 아트워크와 함께 '사이비 1집'이라는 타이틀이 적힌 믹스테이프를 아무 이유 없이 나에게 준 적이 있다. 잘 듣다가 테이프는 사라지고 껍데기만 남아 있었는데, 어느 심심했던 날 그가 안쪽에 적어둔 트랙리스트 그대로 내가 다시 녹음해서 만들었다. 그걸 가지고 나가서 보여줬더니 모든 걸 기억했다. "맞아, 이거 그냥 갑자기 주고 싶어서 만들었어. 야 내가 74분 공테이프 딱 맞추려고 얼마나 신경 썼는지 아니? 길게 반복되는 라디오헤드의 〈India Rubber〉 아웃트로를 자연스럽게 페이드아웃 해서 날리고…" 알아, 내가 그것까지 다 반영해서 똑같이 74분짜리에 다시 녹음했어. 못 만난 10년 사이에 '허허' 하고 웃는 중견 변호사가 된 친구는 다시 예전처럼 꺽꺽거리며 웃기 시작했다. 요즘 미니디스크에 다시 꽂혀 있다는 얘기를 하며 예쁘게 라벨 붙인 사진들을 보여줬더니 정말 재미있겠다면서 표정으로 좋아요를 눌러주었다. 헤어지고 며칠 뒤에는 밴드 311의 '타이니 데스크(Tiny Desk Concerts, NPR Music의 유튜브 콘텐츠)' 라이브가 올라왔다고 흥분하며 링크를 보냈다. 그래, 그 믹스테이프에도 311이 있었지. 여전하구나. 지금도 나는 무한이의 최종 마스터링 《사이비 2집》이 나오기를 기다리고 있다.

Interlude
컴필레이션이라는 이름의 믹스테이프

시디의 판매량이 줄어들기 시작한 후, 많은 음반사들이 판권을 가진 한때의 인기 곡들을 모아 여러 장의 시디 세트로 만들어 싸게 팔았다. 시디가 완전히 망하기 전에 조금이라도 더 벌어야 하니까. 내 기억에 '컴필레이션(compilation)'이라는 말이 그때쯤 우리나라에도 널리 퍼졌던 것 같다. 누군가가 특정한 의미나 목적을 가지고 골라 원하는 순서대로 배열한 곡들을 담은, 합법적으로 만들어서 판매하는 믹스테이프. 한 아티스트의 정규 앨범에 비해 소장할 가치가 현저히 낮다고 여기는 사람들도 있지만 나는 그렇지 않다. 한번 구입한 음반을 닳아 없어질 때까지 돌리고 싶어 하는 인간에게는, '순서대로 듣는 즐거움'이 큰 음반을 마다할 이유가 별로 없는 것이다. 딱 하나, 처음에 언급한 것과 같은 목적이 너무 적나라한 음반은 마다했다. 하나의 작품집으로서 그다지 아름다움이 느껴지지 않았으니까.

하와이는 못 가본 여행지 중 언제나 1번이다. 늘 상상만 했던 온화한 기후와 여유로운 분위기와 경이로운 산과 바다를 실제로 느끼고 싶다. 오랜 시간 잭 존슨(Jack Johnson)의 음악을 듣고 영향을 받으며 더 그렇게 되었다. 그리고 2016년에는 《Aloha Got Soul》이라는 제목의 컴필레이션 앨범이 나왔다. 'Soul, AOR, Disco In Hawai'i 1979-1985'라는 부제처럼, 기분 좋은 그루브를 가진 특정 시기 하와이 뮤지션들의 음악을 담고 있다. 아마도 지난 몇 년간 가장 많이 들은 컴필레이션일 것이다. 이 앨범을 시작으로 하와이가 낳은 다른 음악들을 찾아 듣기도 했다. 'Aloha Got Soul'은 원래 70-80년대 하와이의 음악을 다루는 블로거의 이름이었다가 이제는 음반 레이블의 이름이 되었다. '내가 자란 곳의 좋은 음악을 나만 알고 있는 것 같은 기분'을 참을 수 없었던 거겠지. 언젠가 하와이에 가면 그 레이블의 오프라인 매장에도 꼭 가볼 것이다.

영화 사운드트랙이 훌륭한 컴필레이션인 경우는 셀 수 없이 많다. 제일 먼저 떠오르는 건 쿠엔틴 타란티노(Quentin Tarantino) 감독의 1997년 작 《재키 브라운(Jackie Brown)》. 그의 영화들 속에서 누군가의 음악이 어떤 장면에 쓰일 때 종종 나도 모르게 경탄하게 되는데, 이 영화는 시작부터 끝까지 그렇다. 특히 주인공 재키 브라운이 거실 바닥에 놓여 있던 낡은 엘피들을 뒤적이다 하나를 꺼내 델포닉스(The Delfonics)의 ‹Didn't I (Blow Your Mind This Time)›을 트는 장면은 소름이 끼치도록 좋아서 계속 반복해서 봤다. 그 장면 속 재키의 모든 움직임이 좋고, 처음 들은 그 노래와 재키라는 인간에게 점점 빠져드는 맥스의 표정은 그냥 내 표정이었다. 두 사람의 대화도 좋다. 이제 새 앨범들은 바이닐로 안 나오는데, 지금의 대세인 시디로 바꿀 생각은 없냐고 묻는 맥스에게 재키가 답한다. "이것들에 너무 많은 시간과 돈을 썼어요. 그리고 나는 새로운 것들을 그리 자주 들이지 않아요." 시간이 지나 옛것이 된 내 시디들을 보며 이 대사를 떠올리곤 했다. 영화도 여러 번 봤지만 영화 속 음악을 들은 시간이 수십 배는 될 것이다. 영화를 안 본 사람에게도 추천하고 싶은 빼어난 소울 음악 컴필레이션이다.

'누메로 그룹(The Numero Group)'이라는 이름의 레이블에서 나오는 컴필레이션들도 훌륭하다. 기획이 다양하고 흥미로운 데다가 피지컬 음반의 완성도도 패키징도 좋아서 매장에서도 종종 추천한다. 이름이 알려진 뮤지션들이 직접 선곡한 믹스셋을 음반으로 만드는 시리즈들도 있다. 예를 들면 'Late Night Tales' 같은. 내가 좋아하는 아티스트가 음반들을 잔뜩 짊어지고 오늘 밤 우리 집에 와서 음악이 끊기지 않게 틀어주는 기분을 느낄 수 있다. 좋은 컴필레이션들이 정말 많고 계속 나온다. 세상에 좋은 음악이 정말 많고 지금도 계속 나오기 때문이다. 한 사람이 평생 아무것도 안 하고 음악만 들어도 세상의 음악을 다 들을 수는 없다. 그래서 컴필레이션이 좋고, 그런 것을 만드는 마음이 좋다. 선곡을 하고 순서를 정하는 모든 행위가 좋다. FM 라디오가 좋다. 다양한 사람들이 객원 디제이를 맡아 음악을 트는 가게가 좋고, 유일한 디제이인 사장님이 늘 그 행위에 진심인 가게가 좋다. 그들의 마음 덕분에 새로운 음악에 빠질 때도, 원래 좋아하던 음악에 새로운 추억이 생길 때도 좋다. 이제 마지막 글을 쓰기 전에 일단 종로의 '라커스(Rockers)'에 가서 태준 형과 한잔해야겠다.

내 인생의 음반 가게들

Part I

중학교 시절 내내 서울 은평구의 응암오거리에 있는 학원에 다녔는데, 버스정류장 바로 앞에 레코드숍이 하나 있었다. 집 근처 가게보다 컸고 내가 모르는 음반들이 많았다. 세월이 무서운 게, 당시에 그렇게 자주 갔는데도 이제는 가게 이름이 기억나지 않는다. 하지만 거기서 산 음반들은 조금 전에 깎아 먹은 사과처럼 생생하다. 새로 접하는 음악 하나하나가 세상 무엇보다 신비롭던 시기였으니까. 본 조비(Bon Jovi)와 미스터 빅(Mr. Big), 익스트림(Extreme) 등을 들으며 밴드 음악의 매력에 빠져들고 있던 내게 주인 아저씨는 밴 헤일런(Van Halen)을 추천해주었다. 남쪽 지방 억양이 약간 섞인 '그럼 이제 밴 할렌을 들어볼 차례야'라는 문장이 아직도 기억난다. 전할 길 없는 뒤늦은 인사이지만, 고맙습니다 사장님.

당시에 많은 음반 가게에는 아마도 음반 유통사에서 배포하는 것으로 보이는 한 장짜리 인쇄물이 있었다. 인터넷이라는 게 존재하지 않던 시대의 중학생에게는 거기 적힌 모든 글자들이 귀중한 정보였다. 당장 사야 할 음반도 없고 용돈도 없는데 단지 그 종이만 얻으러 가게에 가곤 했다. 물론 사장님은 한 번도 눈치를 준 적이 없다. 그 주의 빌보드 차트가 메인이었고, 여백에 빼곡하게 새로 나온 음반들 광고가 있는 형태였다. 흑백으로 인쇄된 커버 이미지와 짧은 소개글만 보고 호기심이 폭발해서 산 음반 중 하나가 펄 잼(Pearl Jam)의 «Vitalogy»였고, 그것을 처음 들은 순간이 인생의 가장 큰 충격 중 하나였다. 정교하게 짜여진 느낌이 아닌, 나사를 조금 풀어놓은 듯한 연주와 노래. 자유롭지만 조화로웠다. 분노와 고뇌가 가득 느껴지는 동시에 해방감도 느껴졌다. 시애틀 그런지, 얼터너티브 록, 이런 단어들과 함께 나는 곧 너바나(Nirvana)도 알게 되었고 커트 코베인(Kurt Cobain)이 불과 몇 달 전 스스로 생을 마감했다는 것도 알게 되었다. 갑자기 빠르게 키가 자랐던 중학교 2학년의 겨울, 그 테이프 한 개로부터 중2병이 완전히 새로운 단계로 접어들었고 나는 영원히 치유할 생각이 없다. 레인 스탤리(Layne Staley), 스콧 웨일랜드(Scott Weiland), 크리스 코넬⋯ 그 후로 지금까지 너무 많은 나의 영웅들이 세상을 떠났다. 다 떠나고 나도 떠날 때까지 그 모든 슬픔에 무뎌지고 싶지 않다.

슬픔을 얘기했더니 떠오르는 작은 기억 하나. 어느 날 가게에서 나오는데 모르는 형들 둘이 내 어깨에 팔을 두르더니 어딘가의 화장실로 데려갔다. 몇 대 맞았다. 카세트테이프를 하나 산 탓에 돈은 얼마 없었지만 테이프도 같이 뺏겼다. 당시 정말 인기 있었던 세 뮤지션의 프로젝트 밴드 지니. 그들의 첫 번째 히트곡이자 신나는 펑크 록 넘버 〈뭐야 이건〉을 들으면 지금도 눈가가 촉촉해진다. 왜 그리 속절없이 당했을까. 그들은 심지어 내 필통까지 열어서 마음에 드는 필기구만 야무지게 골라 갔다. 참 유약한 중학생이었지만, 그래도 큰 상처 없이 잘 지나온 것 같다. 내 모든 울분은 이어폰 속, 응암오거리의 음반 가게에서 사 모은 록 밴드들의 음악이 대신 표출해주었다.

Part II

버스와 지하철을 타고 친구들과 시내를 돌아다닐 수 있었던 고등학생 시절엔 더 다양한 음반 가게들을 경험했다. 앞서 언급했던 부루의 뜨락 중고 시디 코너를 가장 좋아했고 파워스테이션 같은 대형 매장에도 종종 갔다. 하지만 희한하게 더 자주 생각나는 곳이 있다. 어느 날 갑자기 학교 바로 앞에 생겨난 작은 가게, 이름은 '시디 스페이스'였다. 내가 다닌 학교는 서울 성북구 정릉동의 높은 언덕 위 주택가에 있었다. 같은 재단 산하의 학교 세 개가 붙어 있는 구조였는데, 아마 그 세 곳의 학생들이 고객의 전부였을 것이다. 장사에 큰 뜻이 없어 보이는 마른 체구의 젊은 주인이 늘 똑같은 미소를 짓고 있었다. 영혼이 없는 것 같기도 하고 영혼 그 자체 같기도 했다. 테이크 아웃 전용 커피숍만 한 작은 매장이었고 음반도 그리 많지는 않았다. H.O.T.와 핑클(나도 거기서 샀다)의 음반들이 주 수입원이었겠지만 해외 팝, 록 음반들도 꽤 있었다.

한마디로 그곳은… 모든 게 애매했다! 위치도, 가격도, 음반 셀렉션도. '와 이게 여기 있다고?' 하면서 놀라기, '그것들은 당연히 있겠지' 하고 기대하기, 둘 다 어려운 곳이었다. 그래도 우리는 학교 바로 앞에 음반 가게가 있다는 것만으로 즐거웠다. 뭔가를 사서 나오는 일은 잘 없었다. 오늘은 뭐가 좀 바뀌었나 구경하며 그저 수다를 떨었다. 그게 일상이 되면서 목소리도 커지고 아마 종종 무례했을 것이다. 하지만 내 기억에 주인 형은 특유의 엷은 미소를 잃은 적이 없다. 음반 진열에는 딱히 체계가 없었지만 생각해보면 늘 정갈하게 놓여 있었다. 여자애들도 남자애들도 그 형이 매력적이라고 말한 적은 없지만 머리는 늘 세팅되어 있었고 옷도 신경 써서 입은 티가 났다. 가게 인테리어도 딱 그런 느낌, 분명히 신경은 쓴 것 같았다. 무슨무슨 앨범 없냐고 묻는 것 외에 별다른 대화를 나눈 적은 없지만, 딱 하나 기억나는 주인 형의 대사가 있다. 매가리 없는 목소리의, "원하는 시디 있으면 얘기해줘. 구해놓을게".

한동안 할 일도 없는데 동네 학생들 주머니나 털자는 마음으로 급하게 차렸는지도 모른다. 하지만 나는 다르게 추측하고 싶다. 좋은 사람이었던 것 같다. 숫기는 없지만 사람을 좋아하고, 요령은 없지만 노력을 하고, 취향이 깊거나 넓지는 않지만 음악을 좋아했던 것 같다. 학생들이 음악에 대해 떠드는 모습을 보는 게 즐거웠던 같다. 형은 어떤 음악 좋아하시냐고 한 번쯤 물어볼걸. 하지만 나도 그 정도의 숫기나 요령은 없었다. 음반을 구해달라고 부탁한 적도 없다. 시험 끝나고 번화가의 큰 매장에 가면 조금 더 싸게 살 수 있는데 뭐. 가게는 오래가지 못했던 걸로 기억한다. 크게 아쉽지도 않았고 바빠서 금방 잊었다. 하지만 거기서 산 비틀즈의 《Sgt. Pepper's Lonely Hearts Club Band》는 오랜 시간 내 보물이었고 가장 많이 돌려 들은 시디 중 하나였다. 바라만 보고 몇 날 며칠 고민하다가 마침내 진열대에서 꺼내던 순간의 희열이 지금도 생생하다. 요즘은 매장 일이 유난히 바쁘고 피곤한 날 십대들이 큰 소리로 떠들 때(특히 힙합 코너에서 거친 언어로), 문득 그 형이 떠올라 다시 미간을 펴고 엷은 미소를 짓는다. 부디 적성에 맞는 일을 찾아서 지금까지 행복하고 건강하게 지내셨기를.

Part Ⅲ

신촌에서 대학교를 다녔다. 중간에 가수가 되고 휴학도 많이 해서 졸업하기까지 딱 10년이 걸렸다. 나의 이십대는 '향'과 함께였다. 내가 입학할 때쯤 'HYANGMUSIC'이라는 영어로 간판이 바뀌었지만 선배들은 모두 그냥 향 또는 예전 이름인 '향음악사'라고 불렀다. 공강 시간에 동아리방에 있으면 '향 들렀다가 만동 가자'라는 말을 자주 들을 수 있었다(만동은 담배 냄새 가득한 만화방 '만화동산'의 줄임말). 정릉동 시디 스페이스만큼 작은 가게였지만, 크기 말고는 모든 것이 달랐다. 역사와 전통이 있었고, 어마어마하게 많은 음반들이 빈틈없이 공간을 채우고 있었다. 그리고 그 많은 것들 속에서도 뭐가 어디에 있는지 정확하게 아는 사장님이 있었다.

하루 종일 사람들과 어울리거나 인터넷을 했다. 나의 세상은 넓어졌고 음악 취향도 넓어졌다. 아무리 넓어져도 그 조그만 가게는 내 취향과 욕구를 충분히 커버했다. 그만큼 스펙트럼이 넓은 곳이었다. 이소라와 김동률의 새 앨범도, DJ DOC의 새 앨범도, 인디 뮤지션이 자체 제작한 새 앨범도 그곳에는 전부 있었다. 롤러코스터와 자미로콰이(Jamiroquai)에 빠져서 브랜드 뉴 헤비스(The Brand New Heavies)도 들어보고 싶어졌을 때 그곳에 가면 역시 있었다. 배낭여행 중에 들렀던 몽트뢰 재즈 페스티벌에서 허비 행콕과 마커스 밀러(Marcus Miller)의 공연을 보고 정신이 나간 후, 돌아와서 그곳에 가보면 이미 그들의 시디가 여러 장 있었다. 사장님에게서는 늘 자부심과 온기가 동시에 느껴졌다. 어떤 음반을 찾는 손님이건 주눅 들게 하는 법이 없었다.

모두가 향에 다녔고 모두가 향을 좋아했다. 한때 선배 A와 B는 축구 게임 하러 플스방 가는 길에 꼭 향에 들러서 돈을 반반씩 내고 시디 한 장을 샀다. 그날 게임의 승자가 시디를 가지는 게 그들의 규칙이었다. A는 피아노를 그때까지 내가 알던 누구보다도 즐겁게, 그리고 아름답게 연주했다. 그는 나에게 엘라 피츠제럴드(Ella Fitzgerald)를, 빌 에반스와 오스카 피터슨(Oscar Peterson)을, «Getz & Gilberto» 앨범과 보사노바의 황홀함을 알려주었다. 그러다가 함께 음악을 만드는 즐거움까지도 알려주었다. B는 삶의 키워드가 '무드'였고 통화연결음은 조지 벤슨(George Benson)의 ‹Moody's Mood for Love›였다. 언젠가 술을 마시고 그의 집에서 잔 날, 향초에 불을 붙이고 침대 머리맡의 시디 플레이어로 에바 캐시디(Eva Cassidy)의 ‹Autumn Leaves›를 틀어주었다. 세상을 떠나기 직전 병실에서 녹음했을 거라는 그의 얘기가 가슴을 저몄다(사실은 투병 직전에 가졌던, 이제는 전설이 된 공연 실황이다). 저스틴 팀버레이크(Justin Timberlake) 같던 날라리 선배 C 덕에, 고등학교 때 몇몇 여자 친구들이 좋아했던(나는 무시했던) 백스트리트 보이즈(Backstreet Boys)와 엔싱크(NSYNC)의 음악이 보이즈 투 멘(Boyz II Men)만큼이나 멋지다는 걸 알았다. 벨 앤 세바스찬(Belle & Sebastian)의 매력에 대해 함께 침 튀기며 흥분했던 선배 D도 있었다. 그 밖에도 E, F, G… 우리는 음악 이야기를 참 많이 나누었고 향은 그 이야기의 시작점, 중간 지점, 종착점 중 하나가 되곤 했다.

　A(영우), B(우진), C(호진)와 나는 한 팀이 되어 앨범을 내고 데뷔했다(누가 누구인지 밝히기도 전에 알아차린 분들께 그리움을 담은 인사를 전한다). 공장에서 막 나온 스윗소로우 1집 시디를 들고 둘이서 향에 갔던 날을 영우 형도 아마 기억할 것이다. 유통사를 통해 전국의 소매점에 깔릴 예정이었지만 향에는 꼭 미리 가져가고 싶었다. 저희 자주 오던 학생들인데 이번에 첫 앨범이 나와요. 앞으로 잘 부탁드리고 어쩌다 한 번씩 틀어주세요. 한참 후에 첫 솔로 앨범을 직접 제작하고 엘피를 찍었을 때에도 향에 들고 갔다. 오프라인 매장이 없어지고 그 자리에 다른 가게가 생긴 직후였다. 온라인 판매를 위한 사무실 같은 공간으로 계단을 몇 층 올라가야 했다. 서로가 어디에서 어떤 상태였든, 사장님은 매번 예상보다 더 따뜻한 축하와 응원을 해주었다.

　인터넷 초창기부터 존재했던 향뮤직 웹사이트마저 얼마 전에 문을 닫았다(현재는 네이버 스토어만 운영 중이다). 온라인 쇼핑몰로서도 성지 같은 곳이었다. 판매했던 음반들 페이지마다 리스너들의 리뷰와 찬양이 남아 있었다. 21세기 한국 인디의 역사가

진하게 담겨 있는 공간이었다. 사이버 공간은 오랜 시간 많은 것들이 쌓여도 정말 한순간에 흔적도 없이 사라질 수 있구나, 새삼 생각했다. 사실은 모두 그렇다. 매순간 많은 것들이 생겨나고 사라진다. 이런 생각을 할 때마다, 존재하는 것들을 더 생생히 느끼며 존재하고 싶어진다. 존재했던 마음들을 더 생생히 기억하며 존재하고 싶어진다. 하긴 그래서 지금도 음반을 사고 만지고 꺼내서 듣는 거잖아. 오늘은 예전에 공짜로 받은 《향뮤직 샘플러 Vol. 6》 시디를 오랜만에 꺼내 트레이에 올린다. 첫 트랙으로 브로콜리너마저의 〈2009년의 우리들〉이 흐른다. 계피의 목소리로 듣는 덕원의 노랫말, 그때 그 마음을 기억하는지 묻는다. 향 사장님, 그리고 인생의 어느 시기에 향이 소중했던 모두의 안녕을 빈다.

Part IV

삼십대가 되었고, 열심히 살았다. 몇만 원짜리 엘피 혹은 게임 타이틀을 한 번에 두세 장씩 살 수 있을 정도로 경제적인 여유가 생겼다. 한 음반사의 중역으로 알고 있던 사람이 회사를 나와 홍대 근처에 작은 음반 가게를 차렸다는 소식을 들었다. 한번 들으면 잊기 힘든 이름, '김밥레코즈'. 로고에 그려진 고양이의 이름이 김밥이라는 설명까지 들으면 더 각인이 된다.

안면이 있던 뮤지션이 꾸준히 와서 음반을 사가는 게 고마웠는지, 사장님은 종종 몇천 원씩 할인을 해주었다. 매번 정중하게 감사 인사를 했지만 속으로는 개다리춤을 추었다. 하지만 그곳의 진짜 메리트는 할인이 아니었다. 일단 어렸을 때부터 시디와 테이프로 들어온 인생 음반들이 그곳에서 중고가 아닌 새 바이닐로 존재했다. 수시로 업데이트되는 매장 SNS를 보고 있으면 '와 이게 다시 엘피로 나온다고?'의 연속이었다. 바이닐의 재유행은 세계적인 흐름이었고, 생각해보면 내 인생 음반이 될 만한 것들은 다른 많은 사람들에게도 그랬을 테니 리이슈가 계속 이어지는 게 당연했다. 그리고 김밥 사장님은 이미 몇 년 전부터 '서울레코드페어'라는 큰 행사를 기획해서 끌고 갈 만큼 이 흐름에 진심이었다. 점점 더 많은 사람들이 그 흐름에 동참했고 나 또한 그중 하나였다.

메리트는 그게 다가 아니었다. 김밥에는 내가 아는, 혹은 예상할 수 있는 음반들보다 훨씬 더 많은 것들이 있었다. 가까운 일본의 수십 년 전 재즈부터 머나먼 브라질의 최근 인디 팝까지, 그 범위는 여러 시대와 대륙, 장르를 넘나들었다. 그리고 매장 SNS에는 종종 그것들에 대한 길고 긴 소개의 말이 있었다. 상품의 홍보를 위한 게시물이라기엔 건조하게 느껴지는 문체인데, 일단 읽기 시작하면 아무리 길어도 끝까지 읽게 되는 묘한 매력이 있었다. 게다가 다 읽고 나면 듣고 싶어지고, 듣다 보면 사고 싶어지는 마력이 있었다. 고양이 간판이 달린 작고 귀여운 가게는, 사실은 무서운 곳이었다. 그리고 미스터리였다. 어떻게 한 사람이 이 많은 음악을 다 듣고 이 긴 글을 다 쓰면서 매일 장사까지 하는 거지? 가끔 이런저런 행사와 내한 공연까지 주최하잖아. 로봇인가? 가게 문을 열고 들어가면 잔뜩 쌓인 음반들 뒤에 사장님 얼굴이 빼꼼 보였는데, 무표정으로 무언가에 몰두한 듯 움직임이 거의 없어서 정말 로봇처럼 보이기도 했다.

  그 미스터리는, 이야기를 몇 번 나눈 후에 어느 정도 풀렸다. 어느 날 가벼운 질문을 하나 했다. 어떤 음반에 대해서였는데 뭐였는지 기억이 나지는 않는다. 다만 차가운 무표정 상태의 사장님에게 질문 하나를 던지기 위해 큰 용기가 필요했던 기억은 난다. 또 하나 기억나는 것은, 돌아온 대답이 내가 그때까지 본 그의 가장 긴 SNS 글 이상으로 길었다는 것이다. 정말이지 끝없이 이어졌다. 이를테면 해당 음반의 릴리스 역사와 법적인 문제를 포함한 현재 상황, 아티스트의 개인적인 근황 및 건강 상태, 팬들의 반응과 업계의 동향… 중간중간 자기만 웃긴 유머를 섞을 때는 입꼬리의 각도가 미묘하게 변했다. 이런 상황을 기대한 건 아닌데….

당황스러움은 곧 깨달음으로 바뀌었다. 그가 안경을 썼다면 말하는 중간중간 치켜 올려서 더 빨리 알았을까… 게임을 좋아하다 보니 알게 된 친구들 중 유난히 그런 사람들이 있다. 정말 많이 좋아하는 것에 대해서는 전하기 어려워 포기하는 게 아니라, 그저 한없이 길어지는 사람. 그리고 내심 상대방도 그것을 좋아하게 되기를 바라고, 정말 그렇게 되면 속으로 크게 기뻐하는 사람. 이 사람도 그렇구나. 표정은 차가워 보여도 마음은 엄청나게 뜨겁구나. 그 마음을 원동력으로 쉼 없이 음악을 듣고, 사랑하고, 쓰고, 일을 벌이는 사람이구나. 그는 답변을 마치고 언제 그랬냐는 듯 다시 저전력 모드로 돌아갔다. 그날 이후 김밥 로봇, 아니 사장님과 개인적으로 더 가까워지지는 않았지만, 나는 이 가게를 더 사랑하게 되었다. 나는 늘 그런 마음을 좋아했으니까. 그리고 그런 마음을 가진 친구들을 경외의 눈으로 바라보다가, 나도 결국 비슷하다는 것을 알아차리곤 했으니까.

    고양이 김밥이도 음반 가게 김밥레코즈도 이제 열 살이 넘었다. 이제는 창고를 겸하는 사무실과 직원들이 생겼고, 오프라인 매장은 더 넓은 곳으로 이전했다. 사장님은 코로나19 때문에 내한 공연을 기획하지 못해서 한동안 큰 폭의 적자가 없었기 때문이라고 설명했다. 하지만 더 큰 이유는, 10년이 넘는 시간 동안 그가 쉬지 않고 퍼뜨린 뜨거운 마음 때문이라고 생각한다. 그 마음을 고스란히 전해 받은 나 같은 사람들이 많다는 것을, 이제 이곳의 직원이 되어 매일 느끼고 있다. 매장에서 같이 일하는 날이면 사장님은 여전히 무언가 질문하는 손님에게 길고 긴 대답과 함께, 가끔은 매장에서 파는 김밥이 스티커를 선물하기까지 한다. 가끔은 나도 그런다.

Part V

어떤 음반의 재고가 사무실에 있고 내가 일하는 오프라인 매장에는 잠시 없을 때가 있다. 동료 직원들이 모두 퇴근한 시간이라면 그 음반을 매장으로 옮길 수가 없고, 손님이 원하는 음반을 못 사고 돌아가는 경우가 생긴다. 그럴 때 아쉬워하는 손님에게, 웹사이트에서 미리 주문한 후 나중에 매장에서 찾아가는 방법도 있다는 안내를 한다. 재고가 많지 않은 음반을 확보하는 가장 안전한 방법이라고. 취직한 지 두어 달쯤 지났을 때였나, 그 안내를 들은 한 젊은 손님이 이런 말을 했다.

"하지만… 그냥 왔는데 매장에 딱 있으면 더 재밌잖아요."

씩 웃으며 가늘어진 손님의 눈이 반짝 빛났고, 나는 소름이 돋았다. 그것은 십대 때부터 지금까지, 내가 음반 가게에 갈 때마다 가지는 마음의 핵심이었다. 판매하는 입장이 된 후 잠시 잊고 있었다.

인간에게는 한계가 있고, 그래서 불확실하다. 매장에 각각 한두 장씩 진열해두었던 수만 가지 음반의 존재 여부와 위치를, 나는 백 퍼센트 정확하게 파악할 수 없다. 손님이 흔치 않은 음반을 찾아달라고 하면 '앗 저쪽 어딘가 있었던 것 같은데…' 하고 달려가서 함께 디깅을 한다. 극적으로 찾아낸 그 음반을 손님이 사 가면 나의 동료가 창고에서 한 장을 새로 꺼내 가져다주고, 그것을 내가 아까 그 자리에 다시 진열하며 다음에는 더 정확하게 기억해야지 다짐한다. 이 모든 과정에 꽤나 시간이 걸린다. 인간들이 하는 일이니까. 인간은 인터넷 알고리즘처럼 손님 한 명 한 명의 취향과 청취 패턴을 분석하여 미리 골라둔 추천 음반을 들이밀지도 않는다. 그저 어떤 음반을 어떤 자리에 조금 더 잘 보이게 놓아둘 뿐이다. 그후에 일어나는 모든 일은, 어느 정도 우연의 영역이다. 많은 사람들이 오가며 음반의 위치는 계속 바뀐다. 어느 자리에서 우연히 눈에 띈 커버 디자인, 우연히 들린 옆 사람들의 대화가 새로운 호기심을 불러일으킨다. 그날의 날씨와 매장 안에 흐르는 음악이 마음의 각도를 미세하게 바꾼다. 그 모든 우연들이 모여 충동구매가 발생하고, 그렇게 인생 음반을 만나기도 한다. 모두 언젠가의 내가 겪었던 일들이고, 여전히 우리 매장에서 목격하는 일들이다. 우리 모두가 한계를 가진 불확실한 인간이기에 그런 우연을 기대하고 때로는 실망한다. 나는 인간의 그런 점이 좋고, 그런 인간을 닮은 음반 가게가 좋다.

생각해보면 그런 가게에서 파는 물건, 피지컬 음반 또한 인간을 닮았다. 인간처럼 한계를 가진 채 태어나고, 그 한계 때문에 아름답다. 카세트테이프,

바이닐, 시디 중 어떤 것도 24-bit/192kHz 고해상도 무손실 음원에 담긴 정보를 다 담을 수 없다. 하지만 그 한계를 만드는 매체의 물리적 성질은, 오히려 대체할 수 없는 매력이 된다. 과거의 인간에 의해 생겨난 그 매력이 현재의 인간에게도 만족감을 준다는 점 또한 아름답다.

물건이 되기 전 상태인 음악은, 말할 필요도 없이 인간을 닮았다. 음악 속에는 그 음악을 만든 인간이 듬뿍 담긴다. 지나고 나면 부끄러워질 것만 같은 순간의 감정도 담긴다. 그의 한계도 담기고, 한계까지 몰아붙인 노력도 담긴다. 한계를 가진 인간들이 모여서 만든 기적 같은 시너지도 담긴다. 만든 사람을 닮은 모든 점이 그 음악 고유의 매력이 된다. 그리고 그것이 듣는 사람의 마음에 깊이 닿는 순간, 그는 그 음악이 자신을 닮았다고 느낀다. 함께 시간을 보내며 점점 더 그 음악을 닮아가기도 한다.

음악과 사랑에 빠져 음반이라는 물건을 사랑하게 되었고, 그래서 음반 가게를 사랑하게 되었다. 그러다가 음반 가게에서 일까지 하게 된 지금, 다시 거꾸로 음반과 음악에 대해 생각한다. 나는 확실히 음악을 더 많이 사랑하게 되었다. 다시 나라는 사람이 잔뜩 묻어나는 음악을 만들고, 나라는 사람의 한계를 잔뜩 드러내며 노래하고 싶다는 마음도 커졌다. 그렇게 되어가는 이 시간 속에, 분명 사람이 있다. 과거의 모든 시간 속에도 그랬던 것처럼. 살면서 정말 많은 음반 가게에 갔지만, '내 인생의 음반 가게'로 떠올린 곳들에는 공통점이 있다. 음반만 있는 게 아니라 사람이 있었다. 좋아하는 음악이 담긴 물건을 매개로 살아 있는 누군가를 직접 만나 무언가를 나누었다. 그것이 잠시 스쳐간 친절이든, 오랜 시간에 걸친 우정이든. 지금의 내 인생 음반 가게에서는 그 어느 때보다 많은 시간을, 그 어느 때보다 많은 사람들과 함께 보낸다. 같이 일하는 동료들, 그리고 손님들. 음악을 사랑하는 마음 하나를 공유하며 느슨하게 만나고 헤어지기를 반복하는 시간이 두텁게 쌓여간다.

매장 일을 하면서 내가 가장 좋아하는 순간이 있다. 시간대는 크게 상관없지만 이왕이면 해질녘이 좋겠다. 손님의 수는 통로에서 서로 부딪치지 않을 정도 혹은 그 이하. 모두가 말없이 자기 앞의 음반들을 하나하나 넘기다가 꺼내보고 다시 제자리에 두기를 반복한다. 나도 말없이 새로 도착한 음반들을 하나하나 확인하고 진열한다. 가지런하게 열을 맞추고,

쓰러져 있는 음반들은 바로 세우고, 뒤섞인 음반들은 원래 순서로 되돌린다. 턴테이블 위에는 내가 틀어둔 엘피가 돌고 있다. 벽장 위 스피커에서 내려와 공간 전체에 퍼지는 음악 사이로, 손님들과 내가 비닐에 싸인 음반을 만지는 소리만 들린다. 촤르륵 촤락 촤륵, 불규칙하게 섞인다. 내가 고른 음악을 함께 듣고 있다는 기분도 좋지만, 자세히 보면 모두의 귀에 이어폰이나 헤드폰이 있을 때도 있다. 그럴 때는 앰프의 볼륨을 조금 줄인다. 각자의 음악을 들으며 말없이 함께 있는 기분도 좋다. 그 순간이 얼마나 지속되든, 세상의 시간은 멈춰 있고 여기만 흐른다는 상상 속에 빠진다.

곧 전화벨이 울리거나 왁자지껄 무리가 '우와아~' 하면서 문을 박차고 들어오거나 '계산이요!'라는 외침이 들리거나 '익스큐즈 미'와 동시에 눈앞에 스마트폰 화면이 훅 들어오거나 하겠지만, 그건 그것대로 좋다. 조금 덜 좋을 뿐이다. 나는 대문자 'I'형 인간이고 여전히 혼자 음악 듣는 걸 좋아하지만, 혼자는 역시 외롭다. 인간이니까. 2년 전 매장 SNS에 직원 모집 공고가 올라온 걸 보고 딱 하루 고민한 후 이메일을 보냈다. 그것의 일부를 옮겨 적으며 이 책을 마칠까 한다. 어쩐지 옛날 사람이 옛날 이야기를 잔뜩 풀어놓은 책이 된 것 같지만, 정작 나는 쓰는 내내 내일을 생각했다. 내일의 내가 어떤 모습이든 이 자소서를 보낼 때의 마음을 잊지 않았으면 좋겠다. 한때 잃었다고 믿었던 꿈을 다시 꾸는 지금처럼, 평생 꿈을 찾고 좇으며 살고 싶다. AI가 아닌 살아 있는 인간들과 함께, 서로의 꿈을 응원하며.

(…) 제가 생각하는 저의 가장 큰 장점은, 음반이라는 물건을 좋아하는 이유가 분명하다는 것입니다. 그것은 음반을 구매하고 청취할 때마다 겪어야만 하는 선택의 고민, 그 순간 반드시 존재하는 '따뜻한 설렘'입니다. 늘 혼자 느끼는 그것을, 예전부터 좋아했던 공간에서, 같은 마음으로 그 공간을 찾는 분들과 함께 느끼고 싶습니다. 그런 매니저로 일할 수 있기를 진심으로 바랍니다.

나를 만든 세계, 내가 만든 세계
'아무튼'은 나에게 기쁨이자 즐거움이 되는,
생각만 해도 좋은 한 가지를 담은 에세이 시리즈입니다.
위고, 제철소, 코난북스, 세 출판사가 함께 펴냅니다.

아무튼, 레코드

초판 1쇄 2025년 7월 10일
초판 2쇄 2025년 9월 10일

지은이 성진환
편집 이솔림
표지 디자인 이재민
제작 세걸음
마케팅 고서연

펴낸곳 위고
펴낸이 조소정
등록 제2012-000115호
주소 경기도 파주시 광인사길 209, 302호
전화 031-946-9276, 9277
팩스 031-696-6729

hugo@hugobooks.co.kr

ⓒ성진환, 2025

ISBN 979-11-93044-32-2 02810

이 책 내용의 일부 또는 전부를 재사용하려면 반드시 저작권자와 출판사 양측의 동의를 받아야 합니다.